JOACHIM MAYER

SUPERFOODS
ANBAUEN UND ERNTEN

INHALT

EXTRAS

DIE GU-QUALITÄTS-GARANTIE

Wir möchten Ihnen mit den Informationen und Anregungen in diesem Buch das Leben erleichtern und Sie inspirieren, Neues auszuprobieren. Bei jedem unserer Produkte achten wir auf Aktualität und stellen höchste Ansprüche an Inhalt, Optik und Ausstattung. Alle Informationen werden von unseren Autoren und unserer Fachredaktion sorgfältig ausgewählt und mehrfach geprüft. Deshalb bieten wir Ihnen eine 100 %ige Qualitätsgarantie.

Darauf können Sie sich verlassen:
Wir legen Wert auf einen nachhaltigen Umgang mit der Natur im eigenen Garten. Wir garantieren, dass:
- alle Anleitungen und Tipps von Experten in der Praxis geprüft und
- durch klar verständliche Texte und Illustrationen einfach umsetzbar sind.

Wir möchten für Sie immer besser werden:
Sollten wir mit diesem Buch Ihre Erwartungen nicht erfüllen, lassen Sie es uns bitte wissen! Wir tauschen Ihr Buch jederzeit gegen ein gleichwertiges zum gleichen oder ähnlichen Thema um. Nehmen Sie einfach Kontakt zu unserem Leserservice auf. Die Kontaktdaten unseres Leserservice finden Sie am Ende dieses Buches.

GRÄFE UND UNZER VERLAG
Der erste Ratgeberverlag – seit 1722.

SUPERFOODS-PRAXIS

Dass Gemüse und Obst gesund sind, weiß man schon lange. Aber manche natürlichen Lebensmittel überragen die anderen deutlich: Außerordentlich hohe Anteile an wertvollen Inhaltsstoffen machen sie zu »Superfoods«.

Superfoods aus eigenem Anbau

In jüngster Zeit haben einige pflanzliche Nahrungsmittel besondere Aufmerksamkeit erregt, weil sie Vitamine, Mineralstoffe und andere gesundheitsfördernde Substanzen in bemerkenswerten Mengen enthalten. So wurden zum Beispiel Açai, Baobab, Maca und Moringa als Superfoods populär: bei uns bisher kaum bekannte Pflanzen, die aber in ihrer südamerikanischen, asiatischen oder afrikanischen Heimat schon seit jeher hoch geschätzt werden.

Warum in die Ferne schweifen ...

Skeptiker merken nicht ganz zu Unrecht an, dass solchen Superfoods der Reiz des Exotischen zugutekommt und dass sie massiv vermarktet werden. Das mindert allerdings nicht den Wert dieser oft sehr guten, fremdländischen Nahrungsmittel. Doch viele Pflanzen, die uns längst vertraut sind, können mit ihren gesunden Inhaltsstoffen durchaus mithalten, ja teilweise die »Wundergewächse« sogar übertreffen. Die Begeisterung für die Superfoods kam ursprünglich aus den USA. Und was findet sich dort regelmäßig in den Superfood-Toplisten?

Kale, auf Deutsch: Grünkohl, ebenso zum Beispiel Brokkoli, Radicchio, Kürbis und Heidelbeeren.

Fit mit frischen Superfoods

Vitamine und einige andere Pflanzeninhaltsstoffe werden nach der Ernte schnell abgebaut. Auch beim Trocknen und Verarbeiten zu Pulver, wie bei käuflichen Superfoods üblich, bleiben manche wertvollen Wirkstoffe auf der Strecke. Deshalb hat der – am besten biologische – Anbau im Garten oder auf dem Balkon deutliche Vorteile: Je kürzer die Wege vom Beet bis zu Teller, Tasse oder Kühlfach, desto besser. Das gilt für bewährte Superfoods wie Kohl, Möhren und Johannisbeeren ebenso wie für »Exoten«. Denn Acerolakirsche, Moringa und Gojibeere lassen sich auch bei uns im Kübel halten oder sogar im Garten pflanzen.
Frischer können Superfoods nicht auf den Tisch kommen und ihre volle Kraft entfalten: In ihrer natürlichen Zusammensetzung können die wertvollen Inhaltsstoffe dieser Pflanzen unseren Körper optimal unterstützen.

Die Superkräfte der Pflanzen

Superfoods zeichnen sich vor allem durch einen hohen Gehalt an Vitaminen, Mineralstoffen und sekundären Pflanzenstoffen aus. Was sie so außergewöhnlich macht, sind nicht nur die Mengen an einzelnen Vitalstoffen, sondern das Zusammenwirken vielfältiger gesunder Substanzen. Pflanzen haben aber noch andere »Superkräfte«, deren Wirkung wir an jedem Blatt und Trieb beobachten können. Sie sind in der Lage, die Energie des Sonnenlichts zu binden und für ihr Wachstum zu nutzen. Dabei gewinnen sie mithilfe der Fotosynthese aus Kohlendioxid und Wasser Glucose.

Diese ist wiederum die Grundlage für die Bildung komplexer Kohlenhydrate, Eiweiße und Fette. Kohlenhydrate und Fette haben zwar einen schlechten Ruf als Dickmacher, sind aber, in Maßen genossen, für unsere Energieversorgung unverzichtbar. Zu den pflanzlichen Kohlenhydraten gehören außerdem die wichtigen Ballaststoffe: Sie sind weitgehend unverdaulich, sättigen, ohne dick zu machen, und fördern eine gesunde Darmflora. Sie regulieren Cholesterinwerte und Blutzuckerspiegel und beugen Herzkrankheiten vor. Ähnlich günstig wirken Pflanzenfette mit ungesättigten Fettsäuren, wie sie besonders in Nüssen und Samen vorkommen. Und pflanzliche Eiweiße, zum Beispiel in Bohnen, Kohl und Gojibeeren, enthalten wertvolle Aminosäuren.

Vitalisierende Betriebsstoffe

Mineralstoffe dienen als Zellbausteine und sind auch am Stoffwechsel beteiligt – in Pflanzen ebenso wie im menschlichen Organismus. Dazu gehören zum Beispiel Kalium und Magnesium sowie in kleineren Mengen benötigte Spurenelemente wie Eisen und Zink. Pflanzen brauchen solche Mineralstoffe unter anderem, um das Blattgrün für die Fotosynthese aufzubauen. Sie nehmen sie aus dem Boden auf, und wir können die Pflanzen durch Düngung gezielt damit versorgen. Das kommt uns wiederum beim Genuss der Ernte zugute. Mineralstoffe sind je nach Art unverzichtbar für Herz, Nerven und

Gesund durch den Winter: Grünkohl ist ein heimisches Superfood mit einem beachtlich hohen Gehalt an verschiedenen Vitaminen und Mineralstoffen.

Muskeln oder die Blutbildung. Calcium und Phosphor stärken beispielsweise Knochen und Zähne. Vitamine bilden und nutzen die Pflanzen hauptsächlich als Enzym-Helfer. Dadurch können uns pflanzliche Nahrungsmittel mit fast allen lebensnotwendigen Vitaminen versorgen: mit Vitamin A, C (Ascorbinsäure), E, K und B-Vitaminen. Vitamine stärken auf verschiedene Weise unser Immunsystem, sind maßgeblich an unzähligen Stoffwechselprozessen beteiligt, spielen eine wichtige Rolle bei Zellerneuerung und Nervenfunktionen und fördern generell die körperliche und geistige Fitness. Zu den B-Vitaminen gehört auch die Folsäure (B9), die zum Beispiel in Hülsenfrüchten und Blattgemüse enthalten ist. Sie fördert Wachstumsprozesse, Blutbildung und ist für Schwangere sowie Frauen mit Kinderwunsch besonders wichtig. Vitamin A, von großer Bedeutung für Sehkraft, Haut und Schleimhäute, kommt in Pflanzen nur als Provitamin A vor. Man nennt es auch Beta-Carotin – abgeleitet von der Karotte, die solchen Stoffen ihre typische Farbe verdankt. Weil Carotine keinen direkten Einfluss auf den Energiestoffwechsel haben, zählen sie zu den sekundären Pflanzenstoffen.

Sekundäre Pflanzenstoffe

Als sekundäre Pflanzenstoffe fasst man eine Vielzahl unterschiedlicher Substanzen zusammen, die zwar für den Hauptstoffwechsel der Pflanzen kaum eine Rolle spielen, aber ebenfalls wichtige Funktionen erfüllen. In Form von Farbstoffen locken sie zum Beispiel bestäubende Insekten an und schützen Früchte und Blätter vor starkem UV-Licht und Zellschädigungen. Zu diesen Farbstoffen zählen zum Beispiel die gelb bis rot gefärbten Carotinoide (inkl. Carotine), die Flavonoide mit einem breiten

Der Granatapfel wird im Mittelmeerraum und im Nahen Osten seit Jahrtausenden kultiviert. Er ist reich an Mineralstoffen und Antioxidantien.

Farbspektrum und die Anthocyane, die für Rot-, Blau- und dunkle Violetttöne sorgen.
Andere Stoffe dienen vor allem der Abwehr von Schaderregern. Einige davon sind für uns giftig, zum Beispiel Alkaloide und die Bitterstoffe der Kürbisgewächse. Doch die meisten pflanzlichen Abwehrstoffe schaden uns nicht und machen Speisen sogar bekömmlicher, etwa die scharfen Glucosinolate der Kohlgemüse und die ätherischen Öle von Kräutern. Viele sekundäre Pflanzenstoffe gelten sogar als immunstärkend, cholesterin- und blutdrucksenkend, bewahren vor Herz- und Kreislauferkrankungen und sollen auch vor Krebs schützen. Sekundäre Pflanzenstoffe wirken oft als Antioxidantien: Sie fangen freie, zellschädigende Radikale ab. Wichtige Antioxidantien sind die genannten Farbstoffe (Anthocyane, Flavonoide, Carotinoide, besonders Beta-Carotin) sowie die Vitamine C und E.

Die besten Standorte

Gehaltvolle Gemüse, hochwertige Früchte und dann auch noch Exoten: Da denkt man sofort an Sonne und Wärme. Mancher hakt vielleicht den Superfoods-Anbau schon ab, weil er keine »Super«-Standorte bieten kann. Doch die meisten der im Porträtteil vorgestellten Pflanzen haben keine ungewöhnlichen Bedürfnisse. Und weil ihre Ansprüche vielfältig sind, gibt es für jeden Garten etwas. Fast alle Obstarten reifen an Plätzen mit ganztägiger Sonne am besten aus, egal ob altbekannte Arten oder Gartenneulinge. Möglichst viel Sonne brauchen auch mediterrane Kräuter wie Oregano und andere Pflanzen mit südländischer Herkunft, etwa Knoblauch und Paprika. Sonnenverwöhnt sind auch die mit dem Salbei verwandte Chia und die aus Indien stammende Moringa.

Ansonsten gedeihen die meisten Pflanzen schon im Halbschatten ordentlich und mit gehaltvollem Erntegut: das heißt, wenn sie wenigstens fünf bis sechs Stunden lang direkte Sonne abbekommen.

Die meisten Früchte reifen in der vollen Sonne am besten aus. Doch viele Gemüse kommen auch im Halbschatten gut zurecht, ebenso Beerensträucher wie Brombeere und Heidelbeere.

Günstiger, weil intensiver, ist dabei die Nachmittagssonne.

Wichtige Ausnahmen sind Kerbel, Rucola, Brunnenkresse, Heidelbeeren und Brombeeren. Ihnen bekommt im Hochsommer leichte Beschattung besser als die pralle Mittagssonne. Mit dem Bärlauch gibt es schließlich sogar ein ausgesprochenes Schatten-Superfood.

Wärmebedarf und Frosthärte

Dass wärmeliebende Gemüse und Kräuter erst ab Mitte Mai ausgepflanzt werden, ist für Gärtner nichts Ungewöhnliches. Tomaten, Zucchini und Basilikum beispielsweise vertragen genauso wenig Minustemperaturen wie etwa die Chia.

Der Granatapfel wird schon lange als zierende Kübelpflanze kultiviert, die man drinnen frostfrei überwintert, – und neuerdings eben auch Acerolakirsche, Moringa oder Ingwer.

Gojibeere und Apfelbeere (Aronia) sind sogar frostfester als die meisten Brombeersorten und Weinreben. Und Superfoods wie Winterportulak und Löffelkraut versorgen uns auch noch im Winter mit frischem Grün und Nährstoffen.

Fruchtbare Böden

Unter den Superkräutern gibt es einige Spezialisten: Oregano, Thymian & Co. lieben eher karge, sandige bis steinige Standorte, und die Brunnenkresse mag es sumpfig. Doch sonst geht es den wertvollen Nährstofflieferanten wie den meisten Gartenpflanzen: Sie mögen lockere, humose, mäßig feuchte Böden. Sehr sandige, nährstoffarme, trockene Böden bekommen ihnen weniger. Und in verdichteten, tonreichen, oft nassen Böden wachsen sie kümmerlich, häufig mit gelben Blättern. Bei dichten Böden ist vor allem gründliches, mög-

An einem leicht beschatteten Kompostplatz wandeln Regenwürmer und andere Organismen Garten- und Küchenabfälle in wertvollen Humus um.

lichst tief reichendes, wiederholtes Lockern wichtig. Arbeiten Sie dabei Sand, feinen Kies oder Splitt ein. Haben Sie es dagegen mit einem kargen, trockenen Boden zu tun, verbessern Tonmehle wie Bentonit die Wasser- und Nährstoffspeicherung.

In allen Fällen hilft gut ausgereifter Kompost. Er verbessert nach und nach die Bodenstruktur, fördert die nützlichen Bodenorganismen und damit auch die Fruchtbarkeit. Zum grundlegenden Verbessern können Sie mindestens 10 Liter Kompost pro Quadratmeter ausbringen und oberflächlich einarbeiten. Später genügen jährlich 1–3 Liter pro Quadratmeter. Größere Mengen bekommt man zum Beispiel im nächstgelegenen Kompostwerk. Der Nährstoffgehalt des Bodens lässt sich durch eine Bodenuntersuchung feststellen. Mehr Informationen zum Thema Düngen und Bodenanalyse finden Sie auf Seite 12/13.

Säen, vorziehen, pflanzen

Manche Gemüse und Kräuter lassen sich schlecht verpflanzen oder lohnen das Vorziehen nicht, so etwa Möhren und Feldsalat. Sie werden deshalb direkt ins Beet gesät. Direktsaat oder eigene Anzucht ist meist auch die einzige Möglichkeit, zu selteneren Pflanzen wie Brunnenkresse oder Chia zu kommen. Von Tomaten und vielen anderen Arten dagegen erhalten Sie leicht Jungpflanzen in Gärtnereien, Gartencentern und bei Pflanzenversendern. Der Kauf von Samen hat allerdings den Vorteil, dass Sie mehr Sorten zur Auswahl haben.
Bei Gehölzen und mehrjährigen Kräutern empfiehlt sich im Allgemeinen der Kauf von Jungpflanzen.

Den Boden vorbereiten

Üblicherweise gräbt man im Herbst oder einige Wochen vor dem Säen und Pflanzen den Boden mit dem Spaten um. Dann zerkleinert man die Schollen mit der Hacke und entfernt sorgfältig Unkrautreste

und -wurzeln. Durch das Wenden der Erdschollen werden allerdings die nützlichen Bodenlebewesen empfindlich gestört. Gemüsebeete, die humos und schon recht locker sind, kann man deshalb auch schonend mit einer Grabegabel bearbeiten. Man sticht diese in Abständen von etwa 10 cm in den Boden und rüttelt sie kräftig hin und her.
Kurz vor dem Säen oder Pflanzen geht man nochmals mit der Hacke durch und kann dann auch reifen Kompost ausbringen. In Saatbeeten wird die Oberfläche mit Grubber, Kultivator oder Sternfräse noch feiner gelockert und zerkrümelt und schließlich mit dem Rechen sorgfältig eingeebnet.

Aussaat direkt ins Beet

Die meisten Gemüse sät man in parallelen Reihen – das erleichtert die Bodenpflege und Ernte. Ziehen Sie mit einem Stock oder Gerätestiel Rillen und verteilen Sie die Samen darin möglichst gleichmäßig. Dann ziehen Sie von der Seite her Erde darüber und drücken diese etwas an. Halten Sie die Saaten mit feiner Brause feucht, aber nicht zu nass. Nachdem die Sämlinge gut angewachsen sind, stehen sie oft zu dicht und müssen auf den nötigen Abstand ausgedünnt werden. Dazu zieht man vorzugsweise die schwächsten Pflänzchen heraus.

Warme Anzucht als Starthilfe

Für das Vorziehen brauchen Sie einen hellen, aber nicht prall besonnten, warmen Platz, etwa auf einer

Bei Beerensträuchern macht sich Qualitäts-Pflanzware schon bald nach dem Anwachsen bezahlt.

Fensterbank. Für die meisten Arten sind Temperaturen zwischen 18 und 24 °C ideal. Gesät wird in kleine Töpfe oder Anzuchtschalen. Sehr praktisch sind große Schalen mit transparenter Abdeckhaube, die man direkt als Saatgefäße oder zum Aufstellen der Töpfe nutzt. Solche »Minigewächshäuser« haben teils sogar eine Bodenheizung.

Verwenden Sie nur nährstoffarme, keimfreie Aussaat- oder Vermehrungserde. Die meisten Samen deckt man ein- bis zweimal so hoch mit Erde ab, wie sie dick sind. Samen von Lichtkeimern wie Sellerie und Chia dagegen werden höchstens fein überstreut, damit sie nicht so schnell austrocknen. Haben die Sämlinge ihre ersten Laubblätter entfaltet, kommen sie einzeln in etwas größere Töpfe mit Anzucht- oder Pikiererde. Dieses Pikieren verschafft ihnen mehr Platz und regt das Wurzelwachstum an. Danach stellt man die Pflänzchen weiterhin hell, aber etwas kühler auf.

Richtig einpflanzen

Beim Gemüse hängt der Pflanztermin von der Art und Sorte ab. Für kälteempfindliche Arten hat sich Mitte Mai – nach den Eisheiligen – als Termin bewährt. Wurzelnackte und ballierte Sträucher kommen im Herbst oder Frühjahr in den Boden. Viele Gehölze werden als im Topf angezogene Containerpflanzen mit gut durchwurzeltem Erdballen angeboten. Diese Pflanzen können Sie im Prinzip jederzeit setzen, sofern der Boden nicht gefroren ist. Gehölze brauchen eine große Pflanzgrube, am besten doppelt so tief und breit wie das Wurzelwerk bzw. der Ballen. Lockern Sie die Sohle der Grube mit der Grabegabel und mischen Sie dem Aushub vor dem Wiedereinfüllen ein Drittel reifen Kompost unter, bei tonreichen Böden auch etwas

AUSSAATERDE
Am besten gelingt die Anzucht mit spezieller Aussaaterde. Sie ist nährstoffarm, keimfrei und bleibt auch bei ständiger Feuchte schön locker.

FEUCHT HALTEN
Große Samen können Sie einfach in die Erde drücken, feine Samen mithilfe eines alten Küchensiebs mit Erde überstreuen. Halten Sie die Saaten gleichmäßig feucht.

HELL STELLEN
Die zarten Sämlinge brauchen viel Licht, vertragen aber keine pralle Sonne. Wenn es ihnen in der Schale zu eng wird, ist es Zeit zum Pikieren.

Sand. Zusätzlich können Sie unten eine Dränageschicht aus grobem Sand oder Splitt einbringen. Für das Einpflanzen von Gemüse und Kräutern genügt eine kleine Pflanzschaufel oder ein Pflanzholz. Lockern Sie zuvor die Erdballen behutsam auf und feuchten Sie diese gründlich an. Nach dem Einpflanzen drücken Sie den Boden rundum an und gießen kräftig und direkt in den Wurzelbereich, am besten ohne Brauseaufsatz.

Nährstoffe für Superfoods

Pflanzen, die Gehaltvolles liefern sollen, wollen auch gut versorgt sein. Die Devise »Viel hilft viel« ist hier allerdings ebenso fehl am Platz wie bei allen anderen Gartenpflanzen. Richtig düngen heißt: möglichst passend zu den jeweiligen Ansprüchen, die recht unterschiedlich sein können.

Nachschub nach Bedarf

Pflanzen brauchen für ihr Wachstum Nährstoffe, die sie aus dem Boden aufnehmen: Hauptnährstoffe wie Stickstoff, Kalium und Phosphor in größeren Mengen, Spurennährstoffe wie Eisen, Zink und Mangan in kleiner, aber lebensnotwendiger Dosis.

Solche Mineralstoffe gehören dann auch zu den Substanzen, die manche Superfoods so wertvoll machen. Der Stickstoff spielt eine zentrale Rolle als »Wachstumsmotor« der Pflanzen und ist ein wichtiger Bestandteil von Eiweißen und Enzymen. Durch die Ernte, das Entfernen der Pflanzenreste und Auswaschung werden die Nährstoffvorräte im Boden verringert. Also muss man regelmäßig für Nachschub sorgen. Das geht schnell und effektiv mit leicht löslichen Mineraldüngern. Diese führen aber leicht zu einer Überversorgung. Kommt zum Beispiel zu viel Kalium in den Boden, hemmt das die Wurzelaufnahme von Magnesium, und umgekehrt. Besonders kritisch ist ein Übermaß an Stickstoff: Es kann sich als Nitrat im Erntegut und Grundwasser anreichern und in gesundheitsgefährdende Nitrosamine umgewandelt werden. Zudem begünstigt eine Stickstoffüberdüngung Pflanzenkrankheiten und mindert die Frosthärte der Pflanzen. Gut zu wissen: Die meisten Gemüse- und Obstarten, besonders Beerenobst, vertragen keine Dünger mit Chlorid, sondern bevorzugen sulfathaltige Dünger. Angaben dazu finden Sie auf der Packung. Im Allgemeinen fährt man mit organischen Düngern am besten. Denn deren Nährstoffe werden durch die Bodenorganismen langsam, aber nachhaltig für die Wurzeln aufgeschlossen. Viele Pflanzen sind schon mit Kompost gut versorgt, der zugleich die Bodenstruktur verbessert. Brauchen sie mehr

Den Tomatenpflanzen kann man im Sommer fast beim Wachsen zusehen. Sie brauchen eine entsprechend gute Nährstoffversorgung.

Mit solch einem Test-Set lässt sich der Boden-pH-Wert einfach überprüfen. Gelegentlich ist aber auch eine professionelle Bodenanalyse ratsam.

Stark-, Mittel- & Schwachzehrer

Je nach Nährstoffbedarf sind Gemüse Starkzehrer (z. B. Tomate), Mittelzehrer (z. B. Möhre) oder Schwachzehrer (z. B. Spinat, Kräuter). Bei guten Böden empfehlen sich folgende Düngermengen:

• Starkzehrer: bis 3 Liter Kompost je Quadratmeter, dazu 50–150 g Hornspäne und 15–30 g Kali

• Mittelzehrer: rund 2 Liter Kompost je Quadratmeter, dazu 30–100 g Hornspäne und 5–20 g Kali

• Schwachzehrer: höchstens 1 Liter Kompost je Quadratmeter, 50 g Hornspäne und 5 g Kali je m²

• Beerensträucher: je nach Wuchsstärke und Schnitthäufigkeit wie Mittel- oder Starkzehrer

Stickstoff, können Naturdünger wie Hornspäne, Hornmehl oder Brennnesseljauche zum Einsatz kommen. Stallmist darf immer nur vorkompostiert und keinesfalls erst kurz vor dem Säen oder Pflanzen verteilt werden. Weitere wichtige Mineralstoffe lassen sich mit Kalimagnesia (Patentkali) und Gesteinsmehlen ergänzen.

Bodenanalyse und pH-Wert

Eine professionelle Bodenanalyse hilft beim bedarfsgerechten Düngen und wird im Nutzgarten am besten alle vier Jahre durchgeführt. So erhalten Sie genaue Kenntnis über Bodenart, pH-Wert und Nährstoffgehalte. Auch der Humusgehalt kann ermittelt werden. Geeignete Anbieter solcher Untersuchungen finden Sie über die Landwirtschaftskammer, im Branchenbuch oder im Internet, teils auch über Gärtnereien und Gartencenter.

Der pH-Wert (Säuregrad) eines Bodens hängt eng mit seinem Kalkgehalt zusammen. Er reicht von 0 (extrem sauer) bis 14 (extrem alkalisch). Die meisten Nutzpflanzen gedeihen am besten bei pH-Werten zwischen 5,5 und 7, also im schwach sauren bis neutralen Bereich. Weicht der pH-Wert stark von den jeweiligen Ansprüchen ab, wird das Wachstum gehemmt, weil die Wurzeln bestimmte Nährstoffe nicht aufnehmen können. Das zeigt sich oft deutlich an gelben, kleinen Blättern.

Ein zu alkalischer Boden mit hohem Kalkgehalt lässt sich mit Rhododendronerde oder Nadelkompost »ansäuern«, außerdem mit Düngern wie Ammoniumsulfat und Kaliumsulfat. Bei zu sauren Böden kann der pH-Wert durch kohlensauren Kalk, Algen- oder Dolomitkalk allmählich angehoben werden. Solche langsam wirkenden Kalkdünger eignen sich auch für eine regelmäßige Versorgung der Böden im Abstand von zwei bis drei Jahren.

Gießen, lockern, mulchen

Viele Pflanzen kommen zur Not ohne Dünger aus, aber auf Wasser können nur wenige länger verzichten. Mediterrane Kräuter, Knoblauch, Chia und Weinrebe vertragen am ehesten Trockenheit.

Goldene Gießregeln

Die meisten Pflanzen leiden recht schnell unter Wassermangel, schlimmstenfalls bis zur kompletten Welke. Dauernässe wirkt sich jedoch oft noch verheerender aus: Wurzeln, Knollen und Zwiebeln werden stark beeinträchtigt und können faulen. Mit folgenden praxiserprobten Gießregeln kann wenig schiefgehen:

› Bevorzugt morgens, vormittags oder am frühen Abend gießen. Nicht in der prallen Mittagssonne und auch nicht spätabends gießen, weil das Schnecken und Pilzkrankheiten fördern kann.
› Am besten ohne Brauseaufsatz direkt in den Wurzelbereich gießen, also neben die Pflanzenbasis, die Blätter dabei möglichst wenig benetzen.
› Bei gut eingewachsenen Pflanzen erst wieder gießen, nachdem die oberste Bodenschicht abgetrocknet ist.
› Größere und blattreiche Pflanzen sehr gründlich gießen, mit rund 10–20 Liter pro Quadratmeter, große Sträucher mit bis zu 30 Liter, besonders zwischen Blühbeginn und Fruchtentwicklung. Zwischendurch das Wasser gut versickern lassen.
› Besonders pflanzenverträglich ist weiches, kalkarmes, gut temperiertes Regenwasser, das in Tonnen oder Tanks gesammelt wird.

Hacken und Jäten

Der Einsatz von Grubber, Kultivator oder Bügelhacke dient nicht nur dem Lockern und Entfernen von Wildwuchs: Dabei werden auch hauchfeine Bodenkanälchen, sogenannte Kapillare, zerstört, über die Wasser nach oben steigt. Aus diesem Grund reduziert das Hacken die Verdunstung. Außerdem gelangt durch das Aufbrechen verhärteter Oberflächen wieder mehr Wasser und Luft in den Boden. Vorsicht aber zwischen zarten Jung-

Wenn Sie ohne Brauseaufsatz direkt neben die Pflanzenbasis gießen, gelangt das Wasser am schnellsten dahin, wo es gebraucht wird: zu den Wurzeln.

Mit der Hacke lockern Sie nicht nur den Boden, sondern verringern auch die Verdunstung. Zurecht heißt es: »Einmal hacken spart dreimal gießen«.

Eine Mulchabdeckung hält freie Bodenoberflächen feucht und krümelig und unterdrückt außerdem den Aufwuchs von unerwünschtem Unkraut.

pflanzen, Zwiebeln, Wurzelgemüsen und bei flach wurzelnden Sträuchern. Hier kann eine kurzstielige Handhacke helfen, sehr gezielt und behutsam zu lockern.

Konkurrenzschwache Jungpflanzen werden durch wüchsige Beikräuter besonders bedrängt. Aber auch später ist es ratsam, bestimmte Unkräuter stets konsequent und frühzeitig zu entfernen: Dazu zählen beispielsweise stark versamende Arten wie Franzosenkraut und Ehrenpreis, wuchernde wie Ackerwinde und Klettenlabkraut und hartnäckige Wurzelunkräuter wie Distel, Giersch und Quecke. Wurzelunkräuter sollten Sie möglichst komplett mitsamt allen Wurzelresten beseitigen, am besten mit einem Unkrautstecher.

Cleveres Mulchen

Unter Mulchen versteht man das Bedecken freier Bodenflächen mit unterschiedlichen organischen Materialien. Diese bewahren die Bodenoberfläche vor dem Verkrusten, reduzieren die Verdunstung,

hemmen Unkrautwuchs und schützen die Wurzeln zudem vor extremen Temperaturen. Schließlich verrottet der Mulch allmählich und wird in wertvollen Humus umgewandelt.

Zum Mulchen eignen sich Rasenschnitt, zerkleinerte Pflanzenreste, Herbstlaub, Gehölzhäcksel, Stroh sowie im Fachhandel erhältlicher Kokosfaser-Mulch und Miscanthus-Mulch. Für Sträucher kommt zudem Rindenmulch infrage. Da er dem Boden jedoch Stickstoff entzieht und organische Säuren freisetzt, sollte man ihm Hornspäne und außerdem noch etwas Kalk untermischen. Auch bei Strohmulch und Gehölzhäcksel ist eine Zugabe von Hornspänen günstig und sorgt für einen Nährstoffausgleich. Mulchschichten können allerdings auch Nachteile haben: Sie locken häufig Schnecken an und behindern im Frühjahr die nächtliche Wärmeabstrahlung des Bodens. Letzteres kann bei Spätfrösten für die Blüten, etwa von Johannisbeeren und Brombeeren, riskant werden. Deshalb bringt man Mulch besser erst ab Mitte oder Ende Mai aus.

Superfoods in Töpfen und Kübeln

Viele Pflanzen lassen sich in Töpfen, großen Kübeln oder sogar in Balkonkästen ziehen. Gerade bei Kräutern, die man häufig für die Küche braucht, ist die Kultur auf Terrasse oder Balkon sehr praktisch. Und für mehrjährige Gewächse wie Ingwer, die keinen Frost vertragen und viel Wärme brauchen, ist die Topfkultur fast ein Muss. Granatapfel und Acerolakirsche werden ohnehin als Kübelpflanzen eingestuft. Entsprechend kann man auch bei Kübelpflanzen-Gärtnereien und -Versendern gut entwickelte Exemplare kaufen und auf eine langwierige Anzucht verzichten.

Passende Gefäße auswählen

Kräuter und Gemüse, die im Garten höchstens 20 cm Reihenabstand brauchen, können zu mehreren in Balkonkästen untergebracht werden. Bei Spinat und Roten Beten etwa ist die Kultur in Kästen vorteilhaft, weil sich so gleich ganze »Partien« ernten und wieder nachsäen lassen. Von Gemüsen wie Tomaten gibt es kompakte Sorten, die auch in Balkonkästen passen. Generell gilt: Je höher die Kästen und je breiter die Schmalseiten, desto besser. Werden für den Garten mehr als 25 cm Pflanzabstand genannt, empfiehlt sich meist die Einzelpflanzung in entsprechend großen Töpfen. Mehrjährige erhalten zunächst einen Topf, in dem das Wurzelwerk bequem Platz findet, und werden dann je nach Wuchsstärke alle paar Jahre in ein größeres Behältnis umgetopft. Sträucher brauchen mit der Zeit einen geräumigen Kübel mit mindestens 40 cm Durchmesser und 45 cm Höhe.
Spätestens dann muss man an das Gewicht der Töpfe denken. Ton und Terrakotta sind mit ihren porösen Wänden zwar günstig für Luftaustausch und Wasserregulierung, aber auch viel schwerer als stabile Kunststofftöpfe. Egal welches Material Sie wählen: Bei Gefäßen für Pflanzen, die draußen überwintern, muss es frostfest sein.
Wichtig: Alle Gefäße sollten an den Unterseiten Abzugslöcher für überschüssiges Wasser haben oder entsprechend angebohrt werden.

Ein Granatapfelbäumchen kann gehaltvolle »Superfrüchte« liefern – und als attraktive Kübelpflanze obendrein die Terrasse oder den Balkon zieren.

Erden und Substrate

Für kurzlebige Gemüse reicht oft schon gute Blumenerde. Durch Untermischen von Perlite oder Lavagrus sowie Gesteinsmehlen wird sie noch etwas verbessert. Für anspruchsvollere Arten kann sich spezielle Gemüse- oder Tomatenerde lohnen. Ähnlich gibt es auch ausgewiesene Kräutererden. Diese sind allerdings eher auf Arten wie Petersilie, Basilikum und Pfefferminze abgestimmt. Für genügsamere mediterrane Kräuter, etwa Oregano und Thymian, mischen Sie am besten Sand, Perlite oder Lavagrus unter. Solche Kräuter gedeihen auch gut in Dachgartenerde.

Bei Sträuchern und anderen großen mehrjährigen Pflanzen sollte man keinesfalls am Substrat sparen. Dieses muss über Jahre locker und durchlässig bleiben und die Pflanze stets gut mit Wasser und Nährstoffen versorgen. Das gewährleisten vor allem hochwertige Kübelpflanzenerden oder sogenannte Einheitserden mit standardisierter Qualität. Auch die immer häufiger angebotenen Beerenobsterden sind einen Versuch wert.

Gefäße richtig bepflanzen

Als Erstes kommen Tonscherben über die Abzugslöcher, damit diese nicht verstopfen, darüber eine je nach Topf- und Kastengröße 2–5 cm starke Dränageschicht. Dazu eignen sich Kies, feiner Schotter oder, als leichtgewichtige Alternative, Blähtonkügelchen. Eine Abdeckung mit Gartenvlies beugt dem Verschlämmen der Dränage durch eingeschwemmte Erde vor. Füllen Sie anfangs nur ein paar Handvoll Erde auf, um dann die richtige Pflanzhöhe auszutarieren. Die Oberkante des Wurzelballens sollte 2–3 cm unter den Topfrand kommen. Solch ein Gießrand erleichtert eine gründliche

Umtopfen tut gut: Kübelpflanzen, Sträucher und mehrjährige Kräuter brauchen meist alle zwei bis drei Jahre einen mindestens 2 cm breiteren Topf.

Wasserversorgung. Lockern Sie das Wurzelwerk vor dem Einsetzen vorsichtig, falls es sehr dicht oder zusammengepresst ist. Steht die Pflanze in der richtigen Höhe, füllen Sie die restliche Erde auf, drücken sie etwas fest und gießen dann gründlich.

Topfpflanzen **überwintern**

Moringa, Ingwer, Acerolakirsche und Granatapfel müssen im Herbst ins Haus kommen. Auch mediterrane Kräuter und Brunnenkresse stehen besser drinnen kühl und hell als bei Frost draußen. Sträucher wie die Johannisbeere werden möglichst an eine warme Hauswand gerückt, auf Styroporplatten gestellt und die Töpfe rundum gut eingepackt, z. B. mit Kokosmatten.

Sträucher im Blickpunkt

Äpfel, Pflaumen, Aprikosen und anderes Baumobst haben mit Sicherheit auch ihre Superfoods-Qualitäten. Das Interesse gilt allerdings bisher mehr den Beerensträuchern, von der Heidelbeere bis zur Acerolakirsche. Obwohl allesamt strauchartig, sind diese Arten vom Wuchstyp und damit von Schnitt und Erziehung her recht verschieden.

Schnittprinzip: alte Triebe entfernen

Die Schwarze Johannisbeere verkörpert den »klassischen« Strauch: mit mehreren kräftigen Trieben, die aus dem Boden wachsen, bald verholzen und sich mäßig verzweigen. Hier strebt man pro Strauch zehn bis zwölf Haupttriebe an, die man immer wieder durch Neutriebe ersetzt. Überzählige Jungtriebe sowie überalterte Haupttriebe (älter als drei Jahre) werden ganz unten herausgeschnitten. Außerdem

Bei starkwüchsigen Brombeeren hilft das waagrechte Anbinden der Trag- und Jungruten, den Überblick zu bewahren.

können Sie schwache und flach wachsende Seitentriebe wegschneiden, damit das Strauchinnere nicht zu dicht wird.

Ähnlich geht man bei den langsam wachsenden Heidelbeeren vor. Hier genügen fünf bis acht Haupttriebe. Sind sie vier bis fünf Jahre alt, ersetzt man sie durch jüngere Triebe. Starke Verzweigungen werden auf jüngere Seitentriebe zurückgeschnitten. All diese Obstarten kann man gleich nach der Ernte auslichten oder, wie die meisten anderen, auch erst im folgenden Frühjahr.

Auch bei Wildrosen, Apfelbeere und strauchig gezogenem Holunder nimmt man alte Triebe bodennah heraus – und zwar einfach dann, wenn einem die Sträucher zu dicht erscheinen. Beim Holunder können Sie auch nur einen kräftigen Haupttrieb belassen und unten freischneiden, sodass er wie ein Baum wächst. Generell fördert der Schnitt abgetragener Zweige den Austrieb neuer Fruchtzweige.

Bei dicht gewordenen Kübelgehölzen wie Granatapfel und Acerolakirsche schneidet man die ältesten Triebe in der Regel nicht ganz unten heraus, sondern knapp über einer tiefer liegenden, günstig stehenden Verzweigung.

Schnittprinzip: ständiges Erneuern

Die Brombeere bildet lange Ruten, die im Jahr nach dem Austrieb Früchte bringen. Nachdem sie getragen haben, werden sie am Boden abgeschnitten. Das macht man meist erst im folgenden Frühjahr, weil die abgetragenen Ruten die neu ausgetriebenen Jungruten ein wenig vor Kälte schützen. Bei starkwüchsigen Sorten genügen jeweils vier

Jungruten, die im nächsten Jahr zu Tragruten werden und durch vier neue Ruten ergänzt werden. Überzählige Neutriebe schneidet man unten ab. Bei schwächer und aufrecht wachsenden Sorten belässt man jährlich sechs bis acht kräftige Jungruten zwischen den fruchtenden Tragruten. Im Sommer kürzt man die Seitentriebe der Jungruten auf zwei bis drei Knospen ein.

Die Gojibeere, die an diesjährigen, rutenähnlichen Trieben Früchte trägt, schneidet man ähnlich. Manche Profis schneiden fast alle diese Langtriebe unten ab, nachdem sie getragen haben. Nur drei bis vier bleiben stehen und werden etwa auf 1 Meter Höhe eingekürzt. Sie können die Goji-Beere aber auch mit mehreren Haupttrieben ziehen (→ Seite 59) – was im Garten schöner aussieht.

1 RÜCKSCHNITT Schneiden Sie Triebe bis zu einer nach außen weisenden beziehungsweise in günstiger Wuchsrichtung stehenden Knospe zurück. Setzen Sie den Schnitt knapp, also ungefähr 0,5–1 cm über der Knospe, an und führen Sie ihn leicht schräg: Die Schnittfläche sollte von der Knospe zur gegenüberliegenden Seite des Triebs etwas abfallen, sodass auf der Schnittfläche kein Wasser stehen bleiben kann.

2 WEGSCHNITT Sollen Seitenäste oder -triebe ganz entfernt werden, schneiden Sie diese direkt an der Ansatzstelle so ab, dass nur eine flache Scheibe, der sogenannte Astring, stehen bleibt. So verheilen die Wunden am schnellsten. Eine Ausnahme macht die Weinrebe: Hier lässt man beim Weg- und Rückschnitt einen rund 2 cm langen Zapfen über der Knospe stehen (→ Bild). Andernfalls droht die Knospe auszutrocknen.

3 AUSLICHTEN Bei Sträuchern wie Johannisbeeren, die beständig neue Bodentriebe bilden, ist Auslichten die wichtigste Schnittmaßnahme. Dabei schneiden Sie einfach die ältesten Triebe sowie schwache und nicht benötigte Jungtriebe nah am Boden heraus. Am besten eignet sich dafür eine Astschere mit langen Holmen, für besonders dicke Triebe (ab gut 4 cm Durchmesser) eine Astsäge mit schmalem Sägeblatt.

Pflanzen stärken und schützen

Auch Schädlinge und Schadpilze haben ihre »Superfoods«, an denen sie sich besonders gern laben. Manche für uns gesunde Scharf- und Bitterstoffe, Phenole und ätherische Öle werden zwar von den Pflanzen eigens gebildet, um Plagegeister fernzuhalten. Doch es finden sich immer wieder Schaderreger, die das weniger beeindruckt.

Natürliche Widerstandskräfte

Nahrhaftes zieht Mitesser an, aber viele haben eine spezielle Vorliebe: bereits geschwächte und gestresste Pflanzen. Deshalb hilft vorbeugend alles, was gewissermaßen das Immunsystem der

Pflanzen stärkt – angefangen beim möglichst passenden Standort und gut vorbereiteten Boden. Auch eine ausgewogene Wasserversorgung und Düngung spielen eine wichtige Rolle, ebenso der regelmäßige Platz- bzw. Fruchtwechsel im Beet. Als resistent oder tolerant bezeichnete Sorten sind gegen bestimmte Schaderreger gut gewappnet, weil sie (ohne Gentechnik) speziell auf diese Eigenschaften hin gezüchtet wurden. So gibt es Tomatensorten mit geringer Anfälligkeit für die Kraut- und Braunfäule sowie Schwarze Johannisbeeren, die kaum von Mehltau, Gallmilben oder Säulenrost befallen werden.

Außerdem können Sie Pflanzen durch Überstäuben mit Gesteinsmehlen, mit käuflichen Pflanzenstärkungsmitteln und selbst hergestellten Auszügen kräftigen. Bewährt haben sich Rainfarn- und Wermutbrühe gegen Schädlinge sowie Meerrettichbrühe und Knoblauchtee gegen Pilzkrankheiten. Wo diese Widerstandskräfte noch nicht reichen, können ganze Helfer-Heerscharen zur Verstärkung kommen: unzählige, oft kleine Tiere, die ständig Hunger auf Insekten, Milben, Würmer und Schnecken haben. Dazu zählen Marienkäfer, Florfliegen, Schwebfliegen, Schlupfwespen, Laufkäfer, Raubmilben, Spinnen, Ohrwürmer, Igel, Spitzmäuse, Maulwürfe, Vögel, Fledermäuse, Eidechsen und Blindschleichen. Sie alle helfen, Schädlinge im Zaum zu halten. Mit einem einladenden Angebot

Ohrwürmer verkriechen sich gern in mit Holzwolle oder Stroh gefüllten Tonmützen und Tontöpfen – um dann nachts eifrig Blattläuse zu jagen.

SCHUTZNETZ Insektenschutz-
netze hindern Gemüsefliegen
an der Eiablage und halten
auch andere Schädlinge von
den Jungpflanzen fern.

SPRITZEN Bringen Sie Pflanzen-
schutzmittel nur bei Windstille und
etwas bedecktem Himmel aus. Meist
sollte man die Blätter tropfnass spritzen, stets auch die Blattunterseiten.

GELBTAFEL Beleimte Tafeln zum
Abfangen von Schädlingen lassen
sich besonders effektiv im Gewächshaus einsetzen und leisten auch auf
dem Balkon gute Dienste.

an naturnahen Bereichen im Garten, Unterschlupf-
möglichkeiten, Überwinterungs- und Nisthilfen
lassen sich diese Nützlinge gezielt fördern und in
den Garten locken.

Abfangen, aussperren, eindämmen

Wenn Sie Schädlinge sowie deren Larven und Eier
früh entdecken, bekommen Sie sie oft schon durch
mehrmaliges Ablesen, Abstreifen oder Abspritzen
mit kräftigem Wasserstrahl in den Griff. Werden
Pflanzenteile, notfalls auch ganze Pflanzen, mit
deutlichen Krankheitsanzeichen konsequent entfernt, lässt sich oft einer weiteren Ausbreitung vorbeugen. Schnecken können Sie unter ausgelegten
Brettern, Säcken oder Rhabarberblättern anlocken
und absammeln. Ausgelegte Kartoffelstücke oder
Salatpflänzchen dienen als Köder für Drahtwürmer.
Auch der Fachhandel bietet so manche Utensilien
zum Abhalten und Abfangen von Schädlingen an.
Zu den besten gehören Insekten- und Vogelschutz-
netze, Schneckenzäune, Wühlmausfallen und
leimbeschichtete Gelbtafeln gegen Weiße Fliegen,
Blattläuse und andere Schädlinge.

Naturnahe Pflanzenschutzmittel

Unter den winzigen Nematoden (Älchen) gibt es
zwar gefürchtete Pflanzenschädlinge, doch viele
machen sich lieber als Schädlingsparasiten nütz-
lich. Im Fachhandel findet man Nematodenpräpa-
rate die sich als Gießmittel einsetzen lassen, etwa
gegen Dickmaulrüssler, Ackerschnecken und Maul-
wurfsgrillen. Andere biologische Mittel enthalten
Bakterien *(Bacillus thuringiensis)*, die die Raupen
von Kohlweißlingen und anderen Faltern befallen.
Ebenso gesundheits-, umwelt- und nützlings-
schonend sind Mittel mit Azadirachtin aus dem
Neembaum, Kaliseife, Rapsöl oder Quassiaholz
gegen verschiedene Schädlinge, außerdem Schne-
ckenköder mit Eisen-III-Phosphat. Auf Naturstoffen
basieren auch Schädlingsmittel mit Pyrethrum
sowie Schwefel und Kupfer gegen Pilzkrankheiten.
Diese Mittel haben teils aber unerwünschte Aus-
wirkungen auf die Umwelt. Beachten Sie beim
Einsatz von Pflanzenschutzmitteln immer genau
die Anwendungs- und Sicherheitshinweise der
Hersteller und eventuelle Wartezeiten, die zwischen
Einsatz und Verzehr der Ernte verstreichen müssen.

Superfoods ernten und haltbar machen

Reifen Obst und Gemüse heran, will man auch in den vollen Genuss der bioaktiven Substanzen kommen. So stellen sich Fragen nach dem besten Erntezeitpunkt und der optimalen Zubereitung. Darauf gibt es allerdings kaum allgemeingültige Antworten. Das kann je nach Erntegut, Wetterverlauf und Art der Inhaltsstoffe recht verschieden sein. Beispielsweise nimmt der Vitamin-C-Gehalt von Paprika und Tomaten mit der Reife zu, der von Acerolakirschen dagegen ab. Noch grüne Acerolakirschen enthalten am meisten Vitamin C, voll ausgereifte dagegen mehr wertvolle sekundäre Pflan-

zenstoffe. Auch Brombeeren sollte man nicht allzu lang am Strauch lassen, ausgefärbte Heidelbeeren dagegen können noch ein bis zwei Wochen warten. Das Carotin und Vitamin C der Paprika wird besonders gut vom Körper aufgenommen, wenn man sie roh isst, das Carotin der Möhre dagegen viel effektiver, wenn man sie zerkleinert und mit etwas Öl als leckeres Gemüse gedünstet verzehrt. Und vom Lycopin der Tomate haben wir nach dem Erhitzen der Früchte am meisten – dafür geht allerdings beim Kochen das Vitamin C verloren.
Diese Phänomene sind aber kein Problem. Auf ein paar Milligramm mehr von dieser und ein paar Milligramm weniger von jener Substanz kommt es nicht an. Viel wichtiger ist die pflanzeneigene Kombination von Vitalstoffen, die bei der Aufnahme im Körper gemeinsam ihre Wirkung entfalten.

Richtig ernten

Am besten werden Superfoods also so geerntet, wie man das bei jedem Gemüse und Obst macht: nämlich dann, wenn sie reif sind und entsprechend gut schmecken. Dieser Zeitpunkt kann je nach Witterung von Jahr zu Jahr etwas variieren.
Ist es längere Zeit sehr heiß und trocken, entwickelt sich beispielsweise Blatt- und Wurzelgemüse weniger gut. Trotzdem sollte man es besser früher als zu spät ernten, weil manches Gemüse sonst bitter oder holzig wird oder schießt, also vorzeitig in Blüte

Wenn Sie den Boden mit einer Grabegabel vorsichtig lockern, lassen sich Wurzelgemüse wie Pastinaken sowie Zwiebeln unbeschadet herausziehen.

geht. Bei anhaltend trübem Regenwetter dagegen wartet man mit der Ernte so lange wie möglich auf etwas Sonnenschein – besonders dann, wenn das Erntegut gelagert oder konserviert werden soll. Vermeiden Sie beim Ernten unnötige Beschädigungen und ziehen Sie gerade Wurzelgemüse vorsichtig nach dem Lockern mit der Grabegabel heraus.

Gemüse und Obst haltbar machen

Vor allem Vitamin C und B-Vitamine bauen sich nach der Ernte rasch ab, besonders in zartblättrigem Gemüse wie Spinat. Solche Gemüse sollte man nur wenige Tage an einem kühlen Platz aufbewahren. Warme Lagerung beschleunigt die Verluste, ebenso ausgiebiges Waschen, weil diese Vitamine wasserlöslich sind.

Wenn der Garten mehr Superfood liefert als Sie frisch verzehren können, können Sie einen gesunden Vorrat für die kalte Jahreszeit anlegen:

› Einfrieren ist für die meisten Gemüse, Kräuter und viele Früchte die beste Konservierungsmethode, auch hinsichtlich der Vitalstoffe. Blatt- und Kohlgemüse wird zuvor am besten kurz blanchiert.

› Altbewährt ist die Milchsäuregärung – nicht nur für Weißkohl bzw. Sauerkraut, sondern auch für andere Kohlarten, Rote Bete, Sellerie und Möhren.

› Besonders für Kräuter und zum Beispiel auch für Paprika eignet sich das Einlegen in Essig oder Öl.

› Ebenfalls mit Pflanzenöl lassen sich Basilikum, Bärlauch und Kerbel zu feinem Pesto verarbeiten.

› Durch Trocknen an einem sehr warmen, luftigen Platz können Sie viele Würzkräuter konservieren.

› Zwiebeln und Knoblauch halten sich lange, wenn man sie in Netzen oder zu Zöpfen verdreht an einem kühlen, schattigen, luftigen Platz aufhängt.

› Obst lässt sich zu Marmeladen, Säften oder Obstwein verarbeiten. Auch wenn diese traditio-

Luftig aufgehängt: So bleiben Zwiebeln und Knoblauch an einem schattigen Platz recht lange frisch und gut verwendbar.

nellen Konservierungsmethoden für den Erhalt von Vitaminen & Co. nicht ideal sind, führen sie doch zu leckeren Ergebnissen.

Einfluss der **Tageszeit**

Wann ist die beste Erntezeit? Die gute Nachricht: Der Vitamin- und Mineralstoffgehalt von Gemüse wird durch die Tageszeit kaum beeinflusst.

Anders verhält es sich mit ätherischen Ölen: Kräuter haben am frühen Vormittag den höchsten Gehalt an Wirk- und Aromastoffen.

Ein hoher Nitratgehalt, etwa in Spinat und Roten Beten, nimmt im Lauf des Tages ab, weil Licht und Wärme den Umbau von Nitrat zu Eiweißen fördern.

Rezeptideen mit Superfoods

Genießen Sie Ihre Superfood-Ernte mit einem köstlichen, gesunden Menü. Fast alles, was Sie dafür brauchen, können Sie selbst im Garten anbauen. Die angegebenen Zutaten reichen jeweils für vier Personen.

1 Aperitif: Apfelbeeren-Cocktail

Zutaten 500 g Apfelbeeren (Aronia), 1 Apfel, 1 Möhre, 2 Handvoll Basilikumblätter, 8–12 Pfefferminzblätter, 10 Eiswürfel, 200 ml Weinbergpfirsich-Likör, Holunderblüten-Secco nach Belieben

Zubereitung Beeren, Apfel und Möhre waschen, den Apfel vierteln. Alles pürieren, bis es sämig ist. Die Eiswürfel crushen. Basilikum, Eis und Likör zugeben und alles nochmals kurz pürieren. In die Gläser verteilen, je 2–3 Pfefferminzblätter dazugeben, mit etwas Secco oder Sekt auffüllen.

2 Feines mit Kruste: Gemüsegratin

Zutaten 600 g Zucchini, 600 g Tomaten, 400 g Kartoffeln, 1 Aubergine, 2 Zwiebeln, 2 Knoblauchzehen, ca. 10 kleine Thymian- und Bohnenkrautzweige, 10 EL Olivenöl, 120 ml Gemüsebrühe, Salz, Pfeffer, 200 g Ziegenfrischkäse (Ziegenrolle)

Zubereitung Gemüse putzen, Kartoffeln und Zwiebeln schälen. Alles in Scheiben schneiden. Knoblauch schälen und fein hacken. Den Backofen auf 200 °C vorheizen (bei Umluft auf 180 °C). Eine große Backofenform mit etwas Öl bestreichen. Die Gemüsescheiben aufrecht in die Form schichten. Mit Salz, Pfeffer, Thymian- und Bohnenkrautblättchen überstreuen. Öl, Gemüsebrühe und Knoblauch verrühren und über das Gemüse gießen. Das Gratin ca. 30 Minuten backen. Dann den zuvor zerbröckelten Ziegenkäse auf dem Gemüse verteilen und weitere 20–30 Minuten backen.

3 Knackig: Pikanter Radicchiosalat

Zutaten 1 Radicchio, 150 g Feldsalat, 80 g Knollensellerie, 150 g blaue Weintrauben, 2–3 EL Zitronensaft, 2 EL Weißweinessig, 100 g Salat-Mayonnaise, 100 g saure Sahne, Zucker, Salz, Pfeffer

Zubereitung Radicchio vierteln, putzen, waschen, in schmale Streifen schneiden und trocken schleudern. Feldsalat putzen, waschen und trocken schleudern. Das Selleriestück schälen, fein raspeln und 1 EL Zitronensaft untermischen. Weintrauben waschen und halbieren. Für das Dressing Essig, 1–2 EL Zitronensaft, Mayonnaise und saure Sahne verrühren und mit Salz, Pfeffer sowie 1–2 Prisen Zucker abschmecken. Salatzutaten auf den Tellern verteilen und mit dem Dressing beträufeln.

4 Süßer Ausklang: Beerengrütze

Zutaten 500 g gemischte Beeren, z. B. Brombeeren, Erdbeeren, Johannis-, Holunder-, Gojibeeren; 100 g Walnüsse, 150 g Joghurt oder Sojajoghurt, 100 ml Apfelsaft, 1 Päckchen Vanillezucker, Salz, 1 Packung Gelierzucker ohne Kochen, Zimtpulver

Zubereitung Walnüsse grob hacken. Mit Joghurt, Apfelsaft, Vanillezucker und 1 Prise Salz cremig mixen. Beeren verlesen, abspülen und abtropfen lassen, große Beeren vierteln. 200 g Beeren mit dem Gelierzucker und 1 Prise Zimtpulver ca. 1 Minute lang pürieren. Die übrigen Beeren untermischen und die Grütze mindestens 2 Stunden im Kühlschrank kalt stellen. Die Grütze mit der Walnuss-Vanillecreme servieren.

1

2

3

4

SUPERFOODS-PORTRÄTS

Die Palette der Superfoods ist ausgesprochen vielfältig: Sie reicht von der wild wachsenden Brennnessel über die Tomate in unzähligen Sorten bis zu attraktiven Kübelgehölzen wie dem Granatapfel.

Gesundes nach Lust und Laune

Zart oder deftig, süß oder scharf, Blättchen, Wurzeln oder Früchte: Superfoods gibt es für jeden Geschmack und für die verschiedensten Zubereitungsarten. Gemeinsam ist ihnen ihr besonderer gesundheitlicher Wert durch eine ungewöhnlich hohe Konzentration von gesundheitsfördernden und vitalisierenden Inhaltsstoffen.

Ausprobieren macht Spaß

Neben dem Anbau von Gemüse- und Obstarten, die schon lange Standard in unseren Gärten sind, gehören zur Superfood-Faszination für Gärtner Anbauversuche mit bisher unbekannten Pflanzen wie Chia, Moringa, Acerolakirsche oder Gojibeere. Manche dieser Gäste aus fernen Ländern erweisen sich als überraschend unproblematisch, andere als recht diffizil und anspruchsvoll.

Dafür ist es umso schöner, wenn schließlich doch ein kräftiges Pflänzchen heranwächst. Das ging unseren Vorfahren auch nicht anders, als sie vor Jahrhunderten zum ersten Mal die aus Mittelamerika eingeführten Tomaten anbauten. Trotzdem wurde diese schließlich zum beliebtesten Gemüse in europäischen Gärten. Tatsächlich stammen viele unserer »heimischen« Nahrungspflanzen ursprünglich aus anderen Regionen der Erde, seien es Spinat, Petersilie oder Brokkoli, Kürbis, Walnuss oder auch der Pfirsich.

Abwechslung tut gut

Superfoods haben ein breites Spektrum an Vitaminen, Mineralstoffen und anderen bioaktiven Substanzen zu bieten. Trotzdem gilt auch hier, dass ein zu viel des Guten eher schadet als nutzt und sich manche Stoffe bei zu hoher Dosierung nachteilig auswirken können. So ist es möglich, dass bei einseitigem und dauerhaften Verzehr mancher Arten beispielsweise Allergien auftreten. Abwechslung und Vielfalt sind für die Gesundheit deshalb ebenso vorteilhaft wie für eine genussvolle Küche. Auch im Garten ist von Jahr zu Jahr ein Wechsel der Pflanzenarten und Anbauplätze sehr empfehlenswert: Diese Maßnahmen beugen dem Auftreten von Bodenpilzen und -schädlingen vor.

Spinacia oleracea
Spinat

WUCHS Blattrosetten, 10–30 cm hoch, wintergrün | **ERNTE** Mai bis März (je nach Sorte)

Wenige Pflanzen bieten vom Herbst bis zum Frühjahr etwas zum Ernten. Und wenige sind so gesund wie Spinat: Mit vielen Mineralstoffen, Carotin, Vitamin C und E, B-Vitaminen und Folsäure hat er einen Platz in der Superfood-Liga mehr als verdient.

Kultur Frühjahrs- und Herbstsorten: Aussaat von Februar bis April/Mai oder August bis Anfang Oktober; für die Winterernte am besten unter Glas. Schossfeste Sommersorten: Aussaat von April bis Juli. Reihenabstand 20–30 cm, auf etwa 5 cm in der Reihe ausdünnen. Bevorzugen Sie mehltauresistente oder -tolerante Sorten.

Pflege Gleichmäßig leicht feucht halten. Nur etwas Kompost geben; bei hoher Stickstoffdüngung drohen ungesunde Nitratgehalte.

Ernte Nach vier bis zwölf Wochen (je nach Saatzeit) von außen die Blätter ernten oder die Pflanzen ganz abschneiden.

Valerianella locusta
Feldsalat

WUCHS Blattrosetten, um 10 cm hoch, wintergrün | **ERNTE** Juni bis April (je nach Sorte)

Feldsalat hilft hervorragend über die kalte Jahreszeit: mit reichlich Vitamin C und Carotin in seinen Blättchen, viel Eisen und anderen Mineralstoffen. Er verträgt noch etwas mehr Kälte als Spinat. Sorten, die nicht schießen, bereichern die sommerliche Salatpalette.

Kultur Schossfeste Sorten wie 'Favor' und 'Gala' ab April, andere ab Ende Juli säen, für die Winter- und Frühjahrsernte bis Mitte September, unter Glas bis Ende Oktober. Reihenabstand 10–20 cm, in der Reihe auf 5 cm ausdünnen.

Pflege Wie beim Spinat. Auch hier lohnt sich die Suche nach gering mehltauanfälligen Sorten. Drohen stärkere Fröste, mit Folie, Vlies oder Fichtenreisig abdecken.

Ernte Nach vier bis zehn Wochen die Blattrosetten knapp über dem Boden abschneiden. Bei gefrorenen Blättern bis zum Auftauen warten.

  Sonne Halbschatten Schatten  viel gießen  mäßig gießen  wenig gießen

Montia perfoliata

Winterportulak

WUCHS Blattrosetten, 20–25 cm hoch, wintergrün | **ERNTE** November bis März

Winterportulak ist die ideale Ergänzung zu Spinat und Feldsalat: Die leicht säuerlichen, nussigen Blätter schmecken roh und gedünstet, enthalten reichlich Vitamin C und A und aufbauende Mineralstoffe.
Kultur Ende August bis Anfang Oktober ins Beet oder in Gefäße säen, in Reihen mit 10–15 cm Abstand oder fleckenweise; die feinen Samen nur dünn mit Erde abdecken. Wenn die Keimlinge dicht aufgehen, etwas ausdünnen. Kommt Winterportulak im Frühjahr zur Blüte, kann er sich durch Versamen von selbst ausbreiten.
Pflege Gleichmäßig leicht feucht halten. Bei stärkeren Frösten mit Vlies oder Fichtenreisig abdecken. Die Blätter werden bei Frost rötlich und hart; wird es wärmer, treibt neues Grün aus.
Ernte Blattstiele ab acht Wochen nach der Aussaat etwa 2–3 cm über dem Boden abschneiden, damit die Pflanze wieder nachtreiben kann.

Cochlearia officinalis

Löffelkraut

WUCHS Blattrosetten, 15–20 cm hoch, wintergrün, teils mehrjährig | **ERNTE** ganzjährig

Löffelkraut wurde früher von Seeleuten auf lange Schiffsreisen mitgenommen, weil sein hoher Vitamin-C-Gehalt der Mangelkrankheit Skorbut vorbeugte. Die kresseähnlich scharfen Blätter mit gesunden Senfölen eignen sich gut für Wintersalate und sind ideal für eine Frühjahrskur.
Kultur Aussaat März bis April und August bis Mitte September, mit 25 cm Reihenabstand; nach dem Aufgehen in der Reihe auf 15–20 cm Abstand ausdünnen. Die Pflanze kann sich durch Selbstaussaat ausbreiten.
Pflege Gut feucht halten, am besten mulchen. Im Frühjahr etwas Kompost geben.
Ernte Junge Blätter fortlaufend von April bis ins nächste Frühjahr, über Winter sogar unter Schnee. Im Sommer nur junge Blättchen pflücken; ältere werden schnell scharf und bitter. Auch die zart nach Honig duftenden Blüten sind essbar.

---

 etwas frostempfindlich 🏠 nicht frosthart 🗒 für Topfkultur oder Balkonkästen geeignet

Nasturtium officinale

Brunnenkresse

WUCHS mehrjährig, kriechend bis aufrecht, 10–30 cm hoch | **ERNTE** Oktober bis April

Diese im Sommer weiß blühende Wasserstaude wird schon seit alters als Würz- und Heilpflanze geschätzt. Kein Wunder: Ihre Senföle stärken die Abwehrkräfte, und ihre Gehalte an Vitamin C, Carotin, Eisen und Calcium sind beachtlich.
Kultur Am einfachsten in großen Schalen mit nährstoffreicher, stets nasser Erde. Oder im Sumpfbereich eines Teichs oder in einem schattigen, häufig gegossenen Beet. Aussaat April bis Juli. Kann über Stecklinge vermehrt werden.
Pflege Die Erde nie austrocknen lassen, am besten so nass halten, dass etwas Wasser auf der Oberfläche steht. Jährlich mit Kompost versorgen. Bei frostigem Wetter gut mit Laub abdecken; kleine Gefäße besser nach drinnen bringen.
Ernte Von nicht blühenden Trieben die Spitzen abschneiden (ab 15 cm Trieblänge) oder Blättchen pflücken.

Allium ursinum

Bärlauch

WUCHS mehrjährige Zwiebelpflanze, lanzettliche, bis 40 cm lange Blätter | **ERNTE** Frühling

Allein die Heilwirkungen dieser robusten, aromatischen Waldpflanze könnten Buchseiten füllen. Kurz gefasst: Sie ist so gesund wie Knoblauch, aber im Geruch weniger penetrant.
Kultur Am besten unter laubabwerfenden Gehölzen auf humosem, frischem Boden. Zwiebeln im Herbst rund 5 cm tief stecken, gekaufte Jungpflanzen im zeitigen Frühjahr setzen oder Samen zwischen August und Februar ausstreuen.
Pflege Bei anhaltender Frühjahrstrockenheit gießen. Etwas Kompost geben. Meist starke Selbstverbreitung; öfter mit dem Spaten abstechen.
Ernte Blätter ab dem Austrieb fortlaufend pflücken. Zieht nach der Blüte im Mai ein.
Vorsicht Kann mit giftigen Maiglöckchen- und Herbstzeitlosen-Blättern verwechselt werden! Aber nur Bärlauch hat lang gestielte Einzelblätter, die beim Zerreiben nach Knoblauch duften.

  Sonne  Halbschatten  Schatten  viel gießen  mäßig gießen  wenig gießen

Taraxacum officinale
Löwenzahn

WUCHS mehrjährig, rosettenartig,
bis 30 cm hoch | **ERNTE** April bis Oktober

Der Löwenzahn wächst oft von selbst – da, wo er nicht soll. Trotzdem führen Samenanbieter Kultursorten wie 'Vollherziger' im Programm: Denn die Blätter ergeben leckere Salate, Gemüse und Smoothies. Und die Inhaltsstoffe der Blätter und Wurzeln helfen bei Gallen- und Harnwegproblemen und fördern die Magen- und Darmtätigkeit.

Kultur März bis April vorziehen oder Direktsaat ins Beet, vorzugsweise im April/Mai oder Ende August/September, mit 25–35 cm Reihen- sowie Pflanzabstand.

Pflege Gleichmäßig leicht feucht halten. Im Frühjahr etwas Kompost, und älteren, großen Pflanzen eine Handvoll Hornspäne geben.

Ernte Junge, zarte Blätter fortlaufend ab Frühjahr; die inneren Herzblätter stehen lassen. Die Blüten und Wurzeln lassen sich für gesunde Tees nutzen, die Wurzeln auch als Gemüse.

Urtica dioica, Urtica urens
Brennnessel

WUCHS mehrjährig, aufrecht, 50120 cm hoch
ERNTE März bis September

Große und Kleine Brennnessel als Kulturpflanzen? Tatsächlich bieten manche Kräutergärtnereien Samen an, falls der »Wildwuchs« im Garten nicht ausreicht. Brennnesselspinat, -pesto und -smoothies haben durchaus das Zeug zum Superfood: mit einem vielfältigen Mix aus Mineralstoffen, Spurenelementen, Vitaminen, Flavonoiden und anderen wohltuenden Substanzen. Und Brennnessel-Zubereitungen eignen sich hervorragend für Entschlackungskuren im Frühjahr.

Kultur Februar bis März vorziehen und ab Mitte April auspflanzen oder im April direkt ins Beet säen; etwa 30 cm Pflanzabstand.

Pflege Gleichmäßig leicht feucht halten. Mit Kompost, Hornspänen und etwas Kalidünger versorgen. Bei unerwünschter Ausbreitung frühzeitig Ausläufer mit dem Spaten abstechen.

Ernte Junge, zarte Blätter ab dem Austrieb.

---

 etwas frostempfindlich   nicht frosthart für Topfkultur oder Balkonkästen geeignet

Cichorium intybus var. *foliosum*
Radicchio

WUCHS kleine Köpfe, rundlich, seltener läng-
lich | **ERNTE** August bis November

Ein Radicchiosalat mit Orangen oder Äpfeln, die
seinen etwas herben Geschmack ausgleichen, ist
nicht nur lecker, sondern eine wahre Gesundheits-
bombe. Die Anthocyane, die sich in der roten Farbe
zeigen, schützen und stärken den Organismus,
die Bitterstoffe fördern die Leber-, Gallen- und
Magenfunktion. Dazu kommen reichlich Vitamin C,
B-Vitamine und wichtige Mineralstoffe.
Kultur Ende Mai bis Juli direkt ins Beet säen, mit
30 cm Reihenabstand, später in der Reihe auf etwa
25 cm ausdünnen.
Pflege Gleichmäßig leicht feucht halten; regelmäßig hacken oder mulchen. Mit Kompost, Hornspänen und etwas Kalidünger versorgen. Spät
reifende Köpfe bei Frösten mit Vlies abdecken.
Ernte Ab etwa zehn Wochen nach der Aussaat.
Die Köpfe knapp über dem Boden mit einem
kleinen Stück des Strunks abschneiden.

Eruca sativa, Diplotaxis tenuifolia
Rucola (Salatrauke)

WUCHS aufrecht, 15–30 cm hoch; *Diplotaxis
tenuifolia* mehrjährig | **ERNTE** Mai bis Oktober

Die schnellwüchsige Rucola mit ihrem nussig
kresseartigen Geschmack stärkt hervorragend die
Abwehrkräfte: mit Senfölen, aromatischen Bitterstoffen, vielen Vitaminen und Mineralstoffen.
Kultur Aussaat Ende März bis September, unter
Glas ganzjährig. In Reihen mit 20 cm Abstand oder
breitwürfig. Alle paar Wochen in kleineren Mengen
säen, über Sommer am besten an einem halbschattigen Platz.
Pflege Gleichmäßig leicht feucht halten, besonders im Sommer, sonst werden die Blätter sehr
scharf und bitter. Nur etwas Kompost oder organischen Dünger geben, um ungesunde Nitratgehalte zu vermeiden.
Ernte Drei bis sechs Wochen nach der Aussaat, je
nach Jahreszeit. Fortlaufend junge Blätter pflücken
oder bei 15–20 cm Höhe nicht zu knapp über dem
Boden schneiden; treibt nochmals nach.

  Sonne  Halbschatten ● Schatten viel gießen mäßig gießen wenig gießen

Moringa oleifera
Moringa

   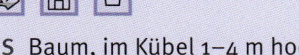

WUCHS Baum, im Kübel 1–4 m hoch, meist laubabwerfend | **ERNTE** Frühjahr bis Herbst

Die ursprünglich aus Indien stammende Moringa, auch Meerrettichbaum genannt, gilt als wahrer »Wunderbaum«. Ihre Blätter enthalten wertvolle Proteine und Senfölglykoside. Und in der Vielfalt an hoch konzentrierten Vitaminen und Mineralstoffen übertrumpft sie unterm Strich alle anderen Pflanzen. Die von Anbietern oft in höchsten Tönen gepriesenen Vorzüge treffen aber nicht immer zu, wenn man die Inhaltsstoffe frischer Blätter mit anderem Frischgemüse vergleicht. Zudem wird man die etwas scharfen und bitteren Moringablätter kaum in ähnlichen Mengen genießen wie Möhren oder Brokkoli. Dennoch ist Moringa ein außergewöhnliches Superfood, etwa für Smoothies und Tees und als dezente Zutat an Quark und Suppen.

Kultur Bei Spezialanbietern findet man übers Internet Jungpflanzen, bei manchen Kübelpflanzen-Gärtnereien bereits gut entwickelten Bäumchen. Doch leichter und preiswerter erhält man Samen für die eigene Anzucht. Die ist ganzjährig möglich – aber nicht ganz einfach. Der Anzuchterde ein Viertel Quarzsand untermischen oder spezielle Anzuchterde für Kakteen wählen. Die Samen 12–24 Stunden in zimmerwarmem Wasser vorquellen lassen. Dann etwa 1 cm tief in Töpfe mit nur leicht angefeuchteter Anzuchterde stecken. Die Töpfe warm (bei 25–27 °C) und hell aufstellen, am besten über einem Heizkörper oder in einer Anzuchtschale mit Heizmatte. Wenn alles gut geht, keimen die Samen nach ein bis drei Wochen. Erscheinen die ersten grünen Spitzen, sehr zurückhaltend gießen, gerade so, dass die Erde nicht austrocknet.

Später in größere Töpfe mit Kakteenerde setzen. Ist das Bäumchen etwa 60 cm hoch, die Triebe rund 10 cm einkürzen, um die Verzweigung zu fördern.

Pflege Steht am besten im Wintergarten, Gewächshaus oder hellen Zimmer, bei wenigstens 18 °C von Mitte Mai bis September auch draußen an einem geschützten, hellen Platz. Überwinterung bei mindestens 8 °C. Mäßig gießen, Erdoberfläche stets abtrocknen lassen. Organischen Langzeitdünger oder Kakteendünger geben. Kann bei Bedarf kräftig zurückgeschnitten werden.

Ernte Junge Blätter fortlaufend pflücken; ältere können getrocknet und zu Pulver verarbeitet werden. Die ganz jungen, zentimetergroßen Früchte lassen sich ähnlich wie Bohnen zubereiten.

Brassica oleracea var. *italica*

Brokkoli

WUCHS fleischige Sprosse, lockere Köpfchen, bis 50 cm hoch | **ERNTE** Juni bis Oktober/März

Kohlgemüse brauchen recht viel Platz und Pflege und haben eine lange Kulturdauer. So wurden sie im Garten immer seltener angebaut, zumal Kohl eher als biedere Hausmannskost galt. Das hat sich gerade dank des Brokkoli geändert: Er brachte ein Flair von feiner italienischer Küche in die Gärten und Kochtöpfe. Seine Köpfchen schmecken delikater als Kohlblätter, und er ist im Anbau nicht so empfindlich wie Blumenkohl.

Zugleich war Brokkoli die erste Kohlart, die als moderne, gesunde Kost Beachtung fand. Neben dem Grünkohl verdient der Brokkoli ganz besonders den Ehrentitel »Superfood«: Er zeichnet sich durch sehr hohe Vitamin-C- und Magnesium-Gehalte aus sowie durch ein breites Spektrum an Glucosinolaten und anderen sekundären Pflanzenstoffen.

Kultur Bewährte, mehltautolerante Sorten sind 'Belstar', 'Green Valiant' und 'Marathon'; 'Calabrese' bildet zahlreiche Nebentriebe mit Köpfchen. Sie werden zwischen Februar und Juni vorgezogen (Keimung bei 15–20 °C) und ab April mit 50 × 50 cm Abstand ausgepflanzt, oder man sät ab April direkt ins Beet. Der ziemlich frostfeste 'Purple Sprouting' liefert auch über Winter kleine, purpurfarbene Köpfe.

Pflege Den Boden gut mit Kompost versorgen. Gleichmäßig recht feucht halten. Regelmäßig hacken oder mulchen. An der Stängelbasis Erde anhäufeln. Mehrmals mit organischem Volldünger nachdüngen und etwas Gesteinsmehl ausstreuen.

Ernte Ab Juni Köpfchen mit kurzem Stielstück abschneiden, überwinterungsfähige Sorten bis ins Frühjahr. Bei Sommerhitze droht rasches Aufblühen, deshalb rechtzeitig ernten.

Vielfältiger **Super-Kohl**

Alle Kohlarten, vom Brokkoli bis zum Chinakohl, sind reich an Vitaminen, Mineralstoffen, gesunden Ballaststoffen sowie essenziellen Aminosäuren. Dazu gesellen sich Flavonoide, Carotinoide und die kohltypischen Glucosinolate (Senfölglycoside). Sie helfen bei Atemwegs-, Harnwegserkrankungen und Arthrose und tragen zur Krebsprophylaxe bei.

  Sonne  Halbschatten ● Schatten  viel gießen  mäßig gießen  wenig gießen

Brassica oleracea var. *sabellica*

Grünkohl

WUCHS langstielig, gekrauste Blätter, bis
80 cm hoch | **ERNTE** Oktober bis Februar

Der deftige, aromatische, ziemlich frostfeste Grün-
kohl ist das »perfekte« Wintergemüse – und unter
den Kohlarten Spitzenreiter in Sachen Carotin,
Vitamin E, Kalium, Calcium und Eisen.
Kultur Mitte Mai bis Ende Juni auf einem Saatbeet
vorziehen, mit 15 cm Reihenabstand. Zwischen
Ende Juni bis Anfang August verpflanzen, mit
40 × 40 cm bis 50 × 50 cm Abstand.
Pflege Bei Trockenheit gründlich gießen, auch im
Winter bei frostfreiem Wetter. Mehrmals anhäufeln.
Regelmäßig hacken oder mulchen. Beim Pflanzen
organischen Volldünger geben, im September
nochmals Kalidünger für bessere Winterhärte.
Bei starken Frösten mit Vlies abdecken.
Ernte Ab Ende Oktober fortlaufend junge Blätter von unten nach oben ernten oder gleich den
ganzen Blattschopf schneiden. Grünkohl schmeckt
besonders gut nach den ersten Frösten.

Brassica oleracea var. *gemmiferae*

Rosenkohl

WUCHS mit Röschen in den Blattachseln, bis
120 cm hoch | **ERNTE** September bis Februar

Rosenkohl, eines der leckersten Herbst- und
Wintergemüse, strotzt ähnlich wie Grünkohl und
Brokkoli vor vitalen Inhaltsstoffen.
Kultur Frühsorten ab März vorziehen, und zwar
bei 15–20 °C; Spätsorten von Mitte April bis Anfang
Mai draußen säen. Auspflanzen unter Folie oder
Glas ab April, ansonsten von Mitte Mai bis Anfang
Juli. Pflanzabstand 60 × 40 cm bis 60 × 60 cm,
je nach Sorte. Die Pflanzen recht tief setzen.
Pflege Wie beim Grünkohl. Im Sommer ein- bis
zweimal nachdüngen. Im September können Sie
die Triebspitze ausbrechen, damit sich die ange-
setzten Röschen gut entwickeln. Das kann allerdings die Frosthärte etwas beeinträchtigen.
Ernte Ab September die Röschen von unten nach
oben ernten, mehrmals durchflücken. Drohen
längere Frostphasen unter -10 °C, auch die Wintersorten besser bald abernten.

Brassica oleracea var. *capitata* f. *rubra*

Rotkohl

WUCHS große Köpfe mit kurzem Strunk,
20–40 cm hoch | **ERNTE** Juni bis November

Rotkohl schmeckt etwas feiner als die anderen
Kopfkohle und fügt dem Vitalstoff-Mix die für die
Rotfärbung verantwortlichen Anthocyane hinzu.
In 100 Gramm Rotkohl finden sich etwa so viel
Anthocyane wie in einem Glas Rotwein. Sie stärken
die Immunabwehr und schützen die Gefäße. Ist
der Boden recht kalkhaltig, schlägt die Farbe um:
Der Rotkohl wird zum »Blaukraut«. Das ändert aber
nichts am Anthocyangehalt.
Wenn Sie nach alter Mütter Sitte ein paar Gewürz-
nelken hinzugeben, verbessert das den gesunden

Genuss: Die Nelken regen die Verdauung an, lösen
Verkrampfungen und wirken entzündungshemmend. Rotkohl lässt sich auch prima mit Äpfeln
kombinieren. Manche schwören sogar auf Rotkohl
mit Heidelbeeren: sozusagen ein Gipfeltreffen von
Superfoods aus dem Garten.

Kultur Bei den meisten Sorten warme Anzucht
ab März, Freilandsaat ab Mitte April, Auspflanzen
April bis Juni/Juli. Keimtemperatur 15–20 °C. Früh-
sorten wie 'Amarant' und 'Marner Frührot' für eine
warme Anzucht ab Februar und Auspflanzen ab
März (wenn nötig, mit Vlies oder Folie schützen).
Pflanzabstand bei frühem Anbau 40 × 40 cm, für
späte Ernte und Lagerung 50–60 × 50 cm. Mit
'Lodero' steht eine kohlhernieresistente Sorte zur
Verfügung.

Pflege Gleichmäßig feucht halten. Regelmäßig
hacken oder mulchen. An der Stängelbasis etwas
Erde anhäufeln. Mehrmals nachdüngen, am besten
mit organischem Volldünger, und eine Handvoll
Gesteinsmehl ausstreuen.

Ernte Frühe Sorten ab etwa Ende Juni, andere bis
vor den ersten stärkeren Herbstfrösten, die ziemlich frostfeste 'Red Star' bis Dezember. Die Köpfe
über dem Strunk abschneiden.

Kein Kohl **nach Kohl**

Bei aller Liebe zum Kohl sollte er jedes Jahr das
Beet wechseln. Sonst drohen im Boden verwei-
lende Schadpilze wie die gefürchtete Kohlhernie.
Kohl – egal welcher – sollte deshalb nur alle vier
bis fünf Jahre an dieselbe Stelle kommen. Das
empfiehlt sich auch für verwandte Gemüse wie
Rettiche, Speiserüben und Meerrettich.

 Sonne  Halbschatten  Schatten viel gießen mäßig gießen wenig gießen

Brassica oleracea var. *capitata* f. alba
Weißkohl

WUCHS große Köpfe mit kurzem Strunk,
20–50 cm hoch | **ERNTE** Juni bis November

Weißkohl hat wie der ähnliche Wirsingkohl seine besonderen Stärken, was den Gehalt an Folsäure und anderen B-Vitaminen angeht. Zum Spitzenreiter unter den Superfoods wird er in Form von frischem, rohem Sauerkraut, das man leicht selbst herstellen kann. Sauerkraut trumpft mit hohen Gehalten an Vitamin C, Ballaststoffen und sekundären Pflanzenstoffen. Durch die Milchsäurebakterien wird es zum probiotischen Lebensmittel, das die Darmflora stärkt und Vitamin B12 enthält. B12 kommt sonst bei pflanzlichen Lebensmitteln kaum vor.

Kultur Frühsorten ab Februar vorziehen, Spätsorten bis Mai, bei 15–20 °C. Zwischen März und Juni auspflanzen, Frühsorten mit 40 × 40 cm Abstand, spätere mit 50–60 cm. Die Sorten 'Kilaton' und 'Kilaxy' sind resistent gegen Kohlhernie.
Pflege Wie beim Rotkohl.
Ernte Wie beim Rotkohl.

Brassica oleracea var. *gongylodes*
Kohlrabi

WUCHS mit verdickter Sprossknolle,
bis 30 cm hoch | **ERNTE** Mai bis November

Kohlrabi lässt sich mit seiner recht kurzen Kulturdauer gut in Folgesaaten anbauen, vom Frühjahr bis zum Spätsommer. Die knackigen Sprossknollen, je nach Sorte weiß (hellgrün) oder blau, sind reich an Vitamin C, B-Vitaminen und Mineralstoffen, darunter bemerkenswert viel Selen. Auch die Herzblätter schmecken gut und sind sehr gesund.

Kultur Frühe Sorten ab Februar drinnen vorziehen, bei 16–20 °C. Pflanzung je nach Sorte ab April bis Mitte August; Abstand 30 × 30 cm. Bei Früh- und Spätanbau mit Vlies schützen.
Pflege Gleichmäßig feucht halten, um dem Aufplatzen und Verholzen der Knollen vorzubeugen. Häufig hacken oder mulchen. Braucht weniger Dünger als andere Kohlarten.
Ernte Sieben bis zwölf Wochen nach der Aussaat. Im Zweifelsfall die Knollen lieber etwas kleiner ernten, damit sie nicht verholzen.

Petroselinum crispum
Petersilie

WUCHS 15–25 cm hoch, zweijährig | **ERNTE**
Mai bis zum nächstjährigen Mai (bis zur Blüte)

In Petersilienblättern sind alle wichtigen Vitamine
und Mineralstoffe versammelt – in beachtlichen
Mengen. Die glattblättrigen Sorten schmecken
aromatischer als die krausblättrigen.

Kultur Ab Ende Februar bei 15–20 °C vorziehen,
oder Mitte März bis August ins Beet säen; an
besten mit Radieschen- oder Kressesamen zum
Markieren, da die Petersilie langsam keimt. Reihenabstand 20–25 cm, in der Reihe auf 10–15 cm ausdünnen. Selbstunverträglich, erst nach vier bis fünf
Jahren wieder am selben Fleck anbauen.

Pflege Gleichmäßig leicht feucht halten. Zum Start
mit gut ausgereiftem Kompost versorgen, bei häu-
figem Schnitt mit etwas Hornmehl oder Flüssigdünger nachdüngen. In kalten Wintern mit Fichtenreisig
abdecken.

Ernte Fortlaufend Blätter samt Stielen schneiden.
Die Herzblätter für weiteren Austrieb stehen lassen.

Anthriscus cerefolium
Kerbel

WUCHS buschig, 30–60 cm hoch, einjährig
ERNTE Mai bis Oktober

Würzig, mit leicht anisartiger Note: Kerbelblätter
runden deftige Suppen, Salate und Kräuterquark
ab. Sie gehören zu den französischen »Fines her-
bes« und zu jeder guten Frankfurter Grünen Soße.
Mit anregenden ätherischen Ölen, Flavonoiden,
Bitterstoffen und Mineralstoffen eignet sich Kerbel
wunderbar für eine belebende Frühjahrskur.

Kultur März bis August direkt ins Beet oder in
Töpfe säen. Ab Frühsommer am besten an einem
halbschattigen Platz, da Kerbel bei Hitze und
Trockenheit durch frühe Blüte unbrauchbar wird.
Lichtkeimer, die Samen nur andrücken und hauchdünn mit Erde abdecken. Nach dem Anwachsen
auf rund 20 cm Abstand ausdünnen.

Pflege Gleichmäßig leicht feucht halten. In gut
versorgtem Boden ist keine Düngung nötig.

Ernte Fortlaufend junge Blätter ernten; nicht zu
tief schneiden, damit weiterer Austrieb folgt.

Ocimum basilicum
Basilikum

WUCHS buschig, 15–60 cm hoch, einjährig
ERNTE Juni bis September

Basilikum mundet hervorragend zu Tomaten und Mozzarella, zu Pasta und Pizza und lässt sich vor allem auch für ein schmackhaftes Pesto nutzen – zubereitet mit Pinienkernen, Knoblauch, Olivenöl und geriebenem Parmesankäse. Trotzdem ist Basilikum kein »echtes« mediterranes Kraut wie etwa Oregano. Denn es stammt vermutlich aus Indien und verträgt entsprechend wenig Kälte. Das aromatische Kraut wirkt appetitanregend, verdauungsfördernd, krampflösend, entzündungshemmend und antibakteriell. Dazu verhelfen besonders seine ätherischen Öle, im Verein mit Gerbstoffen, Flavonoden, viel Eisen und anderen Mineralstoffen plus Vitaminen.

Neben dem klassischen Basilikum vom Typ 'Großes Grünes Genoveser' können Sie auch rotblättrige Sorten wählen, z. B. 'Bordeaux', oder kompakte Topfsorten wie 'Balkonstar'. Manche Feinschmecker pflanzen und genießen beispielsweise auch das kleinblättrige, sehr würzige Buschbasilikum, das leicht süßliche Thai-Basilikum oder das mehrjährige Strauchbasilikum, das sich sogar bei 15–20 °C überwintern lässt.

Kultur Basilikum gedeiht auch an warmen Gartenplätzen, aber die Kultur in Töpfen ist sicherer und praktischer. Pflanzen aus dem Supermarkt eignen sich nur für kurzzeitiges Ernten, kaum zum Weiterkultivieren über Wochen. An Basilikum-Jungpflanzen aus dem Gartenfachhandel haben Sie deutlich länger Freude. Besonders robust sind veredelte Pflanzen. Im Fachhandel gibt es auch Samen für die eigene Anzucht und Saatscheiben für die Topfkultur. Aussaat von Ende März bis Mai bei 18–22 °C; die Samen nur andrücken und hauchdünn mit Erde abdecken, da Lichtkeimer. Erst ab Mitte Mai die Töpfe nach draußen stellen oder auspflanzen, mit 25–30 cm Abstand. Basilikum mag recht nährstoffreiche Erde.

Pflege Gleichmäßig leicht feucht halten, aber keinesfalls zu nass; mit handwarmem Wasser gießen, bei Topfkultur am besten über den Untersetzer. Alle paar Wochen mit mäßig dosiertem Flüssigdünger versorgen. Blüten ausknipsen oder blühende Spitzen wegschneiden.

Ernte Junge Blätter und Triebspitzen schneiden. Möglichst frisch verwenden, dann ist das Aroma am intensivsten. Ansonsten einfrieren, in Öl einlegen oder zu Pesto verarbeiten.

Allium schoenoprasum
Schnittlauch

WUCHS dichte Horste, 20–40 cm hoch, mehrjährig | **ERNTE** März bis November

Der pflegeleichte Schnittlauch lässt sich auch gut im Balkonkasten ziehen. Seine Senföle stärken die Immunabwehr, regen Appetit und Verdauung an. Er ist reich an Mineralstoffen und Vitaminen.
Kultur Am einfachsten mit gekauften Jungpflanzen, die ab dem späten Frühjahr gesetzt werden, mit rund 20 cm Abstand. Warme Anzucht aus Samen ab Ende Februar, Direktsaat ins Beet April bis August. Ideal ist ein humoser, sandig-lehmiger, kalkhaltiger Boden.
Pflege Gleichmäßig leicht feucht halten. Im Frühjahr Kompost oder organischen Dünger geben. Bei häufiger Ernte ein- bis zweimal nachdüngen. Die Blüten können, müssen aber nicht unbedingt ausgebrochen werden. Die Büschel alle zwei bis drei Jahre teilen und neu verpflanzen.
Ernte Fortlaufend nach Bedarf, höchstens zwei Drittel wegschneiden. Auch die Blüten sind essbar.

Thymus vulgaris
Thymian

WUCHS Halbstrauch, 10–40 cm hoch, immergrün | **ERNTE** fast ganzjährig

Der würzige Thymian macht Deftiges bekömmlicher, wirkt krampf- und schleimlösend, antibakteriell und hilft bei Husten und Bronchitis.
Kultur Jungpflanzen kaufen und im Mai mit 20–30 cm Abstand setzen; Anzucht aus Samen von März bis Juni, bei 16–22 °C; Lichtkeimer, nur ganz dünn mit Erde bedecken. Lässt sich durch Teilung und Stecklinge vermehren. Braucht gut durchlässigen, eher nährstoffarmen, kalkhaltigen Boden.
Pflege Benötigt kaum Wasser und Dünger. In langen Trockenphasen zurückhaltend gießen, vor allem bei Topfhaltung. Vor stärkeren Frösten leicht mit Fichtenreisig abdecken. Im Frühjahr um etwa zwei Drittel zurückschneiden. Alle drei bis vier Jahre teilen und neu verpflanzen.
Ernte Blättchen und junge Triebspitzen ab dem Austrieb bis zum Frost. Fürs Konservieren zum Blühbeginn oder in der Vollblüte schneiden.

  Sonne  Halbschatten  Schatten  viel gießen  mäßig gießen  wenig gießen

Origanum vulgare
Oregano (Dost)

WUCHS Halbstrauch, 20–70 cm hoch, immergrün | **ERNTE** Mai bis Oktober

Pizza, Pastasoßen, mediterrane Gemüsegerichte: Ohne Oregano schmeckt's nur halb so gut. Das aromatische Kraut passt aber auch zu Rind- und Lammfleisch, zu Kräuterbutter und nicht zuletzt in grüne Smoothies. Seine ätherischen Öle, Bitter- und Gerbstoffe ähneln denen des Thymian und zeigen ähnliche Gesundheitswirkungen. Er kann zudem Magen- und Darmbeschwerden lindern.

Kultur Wie beim Thymian. Oregano braucht wenigstens 30 cm Pflanzabstand. Die nur 20 cm hohe Sorte 'Compactum' eignet sich besonders gut für Töpfe und Balkonkästen.

Pflege Wie beim Thymian. Oregano ist noch etwas frostfester.

Ernte Blättchen und junge Triebspitzen fortlaufend nach Bedarf. Triebe zum Trocknen, Einfrieren oder Einlegen in Öl am besten dann schneiden, wenn sich im Juli die Blüten gerade öffnen.

Satureja hortensis, Satureja montana
Bohnenkraut

WUCHS Kraut oder Halbstrauch, 20–40 cm hoch
ERNTE März bzw. Juni bis Oktober

Das ausdauernde Winter- oder Bergbohnenkraut *(Satureja montana)* schmeckt kräftig und pfeffrig, das einjährige Sommerbohnenkraut (*S. hortensis*) etwas milder. Beide können noch viel mehr als den Geschmack von Bohnen abrunden: Bohnenkräuter verfeinern Kartoffeln, Gemüse-, Fleisch- und Pilzgerichte. Sie eignen sich außerdem als Heilkräuter, besonders bei Verdauungsproblemen und Magen- und Darmerkrankungen.

Kultur Grundsätzlich wie beim Thymian. Sommerbohnenkraut ab März drinnen vorziehen oder Ende April bis Anfang Juli ins Beet säen.

Pflege Wie beim Thymian. Winterbohnenkraut im Frühjahr um etwa ein Drittel zurückschneiden.

Ernte Blätter und junge Triebe beim Winterbohnenkraut ab Frühjahr, beim Sommerbohnenkraut ab Juni. Zum Konservieren kurz vor der im Juli einsetzenden Blüte schneiden.

---

 etwas frostempfindlich   🏠 nicht frosthart   für Topfkultur oder Balkonkästen geeignet

Mentha × piperita

Pfefferminze

WUCHS buschig, 40–80 cm hoch, mehrjährig
ERNTE März bis September

Krampflösend, hilfreich bei Atemwegs-, Magen-, Darm- und Gallenbeschwerden sowie Kopfschmerzen, beruhigend und belebend: Pfefferminze ist ein wertvolles Kraut, nicht nur für Tees, sondern auch in Smoothies, Süßspeisen und Salaten.
Kultur Jungpflanzen im Frühjahr oder Frühsommer mit 30–40 cm Abstand setzen. Vermehrung ist über Ausläufer und Stecklinge möglich. Die Minze wuchert stark mit ihren Ausläufern. Im Beet wird sie am besten in einem großen, mit Erde gefüllten Topf oder Eimer in den Boden versenkt oder mit kräftiger Folie oder Vlies als Wurzelsperre gepflanzt.
Pflege Bei anhaltender Trockenheit kräftig gießen. Im Frühjahr und nach starkem Rückschnitt mit Kompost versorgen.
Ernte Blätter und junge Triebspitzen ganz nach Bedarf. Zum Trocknen oder Einfrieren im Juni oder Juli kurz vor der Blüte schneiden.

Armoracia rusticana

Meerrettich

WUCHS horstartig, bis 60 cm hoch, mehrjährig
ERNTE Oktober bis März

Frische Meerrettichwurzeln, geschält und gerieben, bieten ein ungemein aromatisches Geschmackserlebnis. Und sie enthalten jede Menge antibakterielle Senföle, Vitamine und Mineralstoffe.
Kultur Pflanzgut sind »Fechser«: bleistift- bis fingerdicke Teilstücke von Seitenwurzeln, die man im Fachhandel bekommt und später selbst schneiden kann. Diese im Frühjahr oder Herbst schräg in Bodenfurchen legen, mit dem oberen Ende rund 3 cm unter der Oberfläche; Erde auffüllen und leicht feucht halten. Meist reichen ein oder zwei Pflanzen, denn Meerrettich wuchert stark.
Pflege Bei Trockenheit gießen, am besten mulchen und jährlich Kompost geben. Das Ausbrechen dünner Seiten- und Nebenwurzeln im Sommer fördert kräftige Stangen.
Ernte Ab dem Herbst, wenn die Blätter absterben. Junge Blätter schmecken prima in Salaten.

  Sonne  Halbschatten  Schatten  viel gießen  mäßig gießen  wenig gießen

Zingiber officinale

Ingwer

WUCHS bambusähnlich, 50–100 cm hoch, mehrjährig | **ERNTE** September bis November

Von dieser tropischen Staude kennt man meist nur die pikanten Knollen. Dabei handelt es sich um unterirdische, verdickte Sprosse, sogenannte Rhizome. In neuerer Zeit haben Studien gezeigt, was im Ayurveda schon seit vielen Jahrhunderten bekannt ist: Die Scharfstoffe in den Rhizomen lindern wirkungsvoll Muskel- und Gelenkschmerzen. Sie helfen außerdem bei Übelkeit, Magen-Darm-Problemen und Husten. Aber auch ohne akute Beschwerden können Sie die gesunden Knollen genießen, als Würze an Wok-, Gemüse- und Fisch-gerichten, in Süßspeisen, Smoothies, Milchshakes und Tees.

Kultur Ingwerknollen finden Sie in Supermärkten, Naturkost- und Asialäden und auf Wochenmärkten. Wählen Sie zum Pflanzen ab Ende Februar frische, pralle Knollen, am besten Bio-Ingwer. Bei genug Wärme und Luftfeuchtigkeit treibt Ingwer teils schon beim Lagern aus. Für eine ergiebige Ernte empfiehlt sich aber das Einpflanzen von Teilstücken in Töpfe. Das gelingt in Blumenerde, noch besser in guter Kübelpflanzen- oder Tomatenerde. Die Knolle in rund 5 cm lange Stücke zerschneiden. Die Schnittstellen ein bis drei Tage antrocknen lassen. Den Boden der Töpfe (mit Wasserabzugsloch) mit einer Dränageschicht aus Blähton oder Kies bedecken und Erde einfüllen. Die Teilstücke so eintopfen, dass sie nur knapp (etwa 2 cm hoch) mit Erde bedeckt sind und einige kräftige Augen nach oben zeigen. Die Erde anfeuchten, aber nicht vernässen. Den Topf mit Folie überspannen und bei 20–25 °C aufstellen, an einem hellen, aber nicht direkt besonnten Platz; ideal mit »warmem Fuß« über einem Heizkörper. Spitzen die ersten grünen Triebe aus der Erde, die Folie entfernen, die Pflanze etwas sonniger aufstellen und nach gutem Anwachsen in einen größeren Topf umpflanzen.

Pflege Gleichmäßig leicht feucht halten, möglichst mit weichem, kalkarmem Wasser. Anfangs öfter mit einem Zerstäuber übersprühen. Während des Wachstums ein- bis zweimal mit Flüssigdünger versorgen. Die Pflanzen können über Sommer auch draußen an einem geschützten Platz stehen.

Ernte Wenn die Blätter gelb werden und die Stiele absterben. Knollen für die Weiterkultur lassen sich trocken und kühl im Topf überwintern; sicherer jedoch, wenn man sie herausnimmt, von Erdresten befreit und dunkel bei 5–10 °C lagert.

Daucus carota

Möhre (Karotte)

WUCHS Wurzelgemüse, 20–40 cm hoch, einjährig kultiviert | **ERNTE** Mai bis Oktober

Merkwürdigerweise werden Möhren selten als Superfoods herausgestellt. Dabei zählen sie zu den Spitzenreitern, was den Gehalt an Beta-Carotin angeht. Dieses stärkt, umgewandelt zu Vitamin A, die Sehkraft, ist wichtig für gesunde Haut und Schleimhäute, hemmt Entzündungen und vermindert zudem das Herzinfarkt- und Krebsrisiko. Dazu kommen recht hohe Gehalte an B-Vitaminen, Vitamin K, Eisen, Kalium und Ballaststoffen sowie organische Säuren mit antimikrobieller Wirkung. Sogenannte Gesundheitsmöhren wie 'Juwarot',

'Nutri Red' und 'Rotin' haben einen besonders hohen Carotingehalt, teils ergänzt durch Anthocyane wie bei der dunkelvioletten 'Purple Haze'. Als Karotten bezeichnet man im Gemüseanbau nur kurze, rundliche Rüben wie 'Pariser Markt'.

Kultur Brauchen humosen, gut gelockerten, durchlässigen Boden. Frühe Möhrensorten benötigen rund zwölf Wochen von der Saat bis zur Ernte, mittelfrühe und mittelspäte 15–20 Wochen, späte 20–26 Wochen. Aussaat früher Sorten ab Februar unter Vlies oder Folie, Saat meist bis Juli möglich. Die anderen Sorten ab März säen; mittlere bis Juni, späte wegen ihrer langen Entwicklungsdauer nur bis Mai. Reihenabstand 25–35 cm, in der Reihe auf 4–8 cm ausdünnen. Radieschen als Markiersaat in die Saatrillen geben, da Möhren langsam keimen.

Pflege Gleichmäßig leicht feucht halten. Häufig hacken oder mulchen, besonders anfangs regelmäßig jäten. Zum Düngen reicht meist eine Kompost-Startgabe. Etwas Erde über den Rübenköpfen anhäufeln, um dem Vergrünen vorzubeugen.

Ernte Frühe Sorten ab Mai, späte erst im Oktober. Vor dem Herausziehen den Boden vorsichtig mit der Grabegabel lockern.

Platzwechsel angesagt

Wurzel- und Knollengemüse wie Möhren, Rote Bete, Sellerie und Rettich sind durch langlebige Bodenpilze und Wurzelnematoden (Älchen) besonders gefährdet. Deshalb empfiehlt sich bei diesen Kulturen ein regelmäßiger Beetwechsel. Am besten kommen diese Gemüse samt verwandten Arten frühestens nach vier Jahren wieder an dieselbe Stelle.

 Sonne  Halbschatten ● Schatten  viel gießen   mäßig gießen   wenig gießen

Pastinaca sativa
Pastinake

WUCHS Wurzelgemüse, 30–60 cm hoch, einjährig kultiviert | **ERNTE** September bis März

Diese alte, zeitweise fast vergessene Gemüseart findet immer mehr Liebhaber. Die Rüben schmecken würzig, zugleich etwas süßlich. Sie enthalten diabetikerfreundliches Inulin, verdauungsfördernde Ballaststoffe und reichlich Mineralstoffe.

Kultur Pastinaken brauchen bis zur Ernte mindestens ein halbes Jahr. Nur frische Samen verwenden, sie verlieren früh ihre Keimfähigkeit. Saatzeit Mitte März bis Anfang Mai, mit 30–40 cm Reihenabstand. Radieschen als Markiersaat in die Saatrillen geben. Nach dem Auflaufen auf 15–20 cm Abstand in der Reihe ausdünnen.

Pflege Wie bei den Möhren.

Ernte Wie bei Möhren mithilfe der Grabegabel. Bei starken Frösten mit Vlies oder Stroh abdecken; oder vorher aus dem Boden nehmen und an einem kühlen Ort in Sand einschlagen. Junge Blätter lassen sich gut als Würze verwenden.

Beta vulgaris subsp. *vulgaris* var. *vulgaris*
Rote Bete (Rote Rübe)

WUCHS Wurzelgemüse, 15–30 cm hoch, einjährig kultiviert | **ERNTE** Juli bis November

Betanin, der tiefrote Farbstoff der Roten Bete, kann Hände und sogar Harn und Stuhl verfärben. Das ist aber völlig harmlos. Betanin stärkt das Immunsystem, entgiftet und hemmt Entzündungen. Hohe Gehalte an B-Vitaminen, Folsäure und Eisen verstärken die gesunde Wirkung.

Kultur Aussaat Mitte April bis Anfang Juli, mit 25–30 cm Reihenabstand; in der Reihe auf etwa 5–10 cm vereinzeln. Aus den Samenknäueln wachsen jeweils mehrere Sämlinge. Von manchen Sorten wird aber auch einkeimiges (monogermes) Saatgut angeboten, das Sie gleich im richtigen Abstand säen können.

Pflege Gleichmäßig leicht feucht halten. Vorsichtig hacken, um die Rüben nicht zu beschädigen, oder mulchen. Keine übermäßige Stickstoffdüngung, um einen hohen Nitratgehalt zu vermeiden.

Ernte Ab etwa zwölf Wochen nach der Aussaat.

Helianthus tuberosus

Topinambur

WUCHS mehrjähriges Knollengemüse, horst-
artig, 2–3 m hoch | **ERNTE** Oktober bis März

Diese stattliche Staude ist mit der Sonnenblume
verwandt und zeigt das im Sommer mit attraktiven
gelben Blüten. Ihre Knollen schmecken nussig
bis süßlich – mit wenig Kalorien und viel Inulin.
Das fördert die Darmflora und schont den Blutzuckerspiegel. Wichtige Vitamine und Mineralstoffe
machen die »Wunderknollen« noch wertvoller.
Kultur Die Knollen im März oder April etwa 10 cm
tief pflanzen, mit 40–50 cm Abstand. Eine Bambus-
Wurzelsperre aus kräftigem Kunststoff (bis 60 cm
tief) schränkt das oft starke Wuchern ein.
Pflege Regelmäßig gießen, besonders kräftig
ab Juni. Im Frühjahr gut mit Kompost versorgen.
Die jungen Stängel mehrmals anhäufeln.
Ernte Die alten, welkenden Stängel vor der Ernte
kräftig zurückschneiden. Die frostharten Knollen
bleiben am besten im Boden, da sie schlecht lager-
fähig sind, und werden nach Bedarf geerntet.

Raphanus sativus

Rettich

WUCHS Wurzelgemüse, 15–20 cm hoch, ein-
jährig kultiviert | **ERNTE** April bis November

Den würzig-scharfen Geschmack des Rettichs
verdanken wir seinen Senfölen. Diese fördern
die Verdauung, wirken antibakteriell und stärken
zusammen mit recht hohen Vitamin-C- und Mineral-
stoffgehalten das Immunsystem.
Kultur Achten Sie darauf, dass die gewählte Sorte
für den jeweiligen Anbauzeitraum geeignet ist.
Das reicht von frühen Rettichen für die Februarsaat
unter Folie bis zu Herbst- und Winterrettichen mit
Saatzeit bis August. Reihenabstand 20–40 cm, in
der Reihe auf 15–35 cm ausdünnen.
Pflege Bei Trockenheit regelmäßig gießen.
Vorsichtig hacken. Keine übermäßige Stickstoffdüngung, um hohe Nitratgehalte zu vermeiden.
Ernte Je nach Jahreszeit und Größe sechs bis
16 Wochen nach der Aussaat. Warten Sie vor allem
im Sommer nicht allzu lang, sonst werden die
Rettiche leicht pelzig und fasrig.

Apium graveolens var. *rapaceum*
Knollensellerie

WUCHS Knollengemüse, 30–40 cm hoch, einjährig kultiviert | **ERNTE** September bis November

Knollensellerie ist der Klassiker für würzige Suppen und Gemüse-Terrinen, mundet aber auch gebraten, gratiniert, püriert und roh geraspelt in Salaten. Ebenso vielseitig, schmackhaft und gesund sind Stangen- und Schnitt- oder Blattsellerie. Diese lassen sich auch gut für Smoothies verwenden. Die ätherischen Öle, die den markanten Selleriegeschmack bewirken, können den Blutdruck ebenso senken wie das Krebsrisiko. Die runzlige Superknolle ist zudem reich an Ballaststoffen, Vitaminen und Mineralstoffen. Sellerie regt den Stoffwechsel an, wirkt belebend und mit seinem hohen Gehalt an Kalium entwässernd.

Kultur Sellerie bevorzugt humose, kalkhaltige, lehmige Böden, die allerdings nicht zu nass sein dürfen. Anzucht Ende Februar bis April, bei etwa 18–22 °C. Lichtkeimer, die Samen höchstens hauchdünn abdecken. Die Sämlinge pikieren (vereinzeln), dann bei 15–18 °C halten. Vorsicht: Wenn die Temperaturen zu niedrig sind, neigen die Pflanzen später zum Schießen. Ab Mitte Mai auspflanzen, mit 40 × 40 cm Abstand. Setzen Sie die Pflanzen nicht zu tief, sodass das Herz mit den Triebknospen über der Bodenoberfläche bleibt.

Pflege Bei Trockenheit regelmäßig und gründlich gießen, vor allem während der Knollenentwicklung ab Juli. Zum Start organischen Volldünger oder Kompost, Hornspänen und Kalimagnesia geben; mehrmals nachdüngen. Oft hacken oder mulchen.

Ernte Spätestens vor den ersten stärkeren Frösten. Vor dem Herausziehen der Knollen den umgebenden Boden mit der Grabegabel lockern. Die Wurzeln und Blätter gleich einkürzen bzw. entfernen. Die Knollen lassen sich an einem kühlen, luftfeuchten Platz lange lagern.

Lockere Böden für Knollen & Rüben

In sehr torfhaltigen, dichten Böden bleiben Knollen und Rüben klein, wachsen deformiert oder faulen bei Staunässe. Da hilft nur gründliches Lockern und nachhaltiges Verbessern des Bodens mit reichlich Sand, feinem Kies oder Splitt. Auch Kompost, oberflächlich eingearbeitet, macht dichte Böden auf Dauer lockerer und durchlässiger.

Allium cepa

Küchenzwiebel, Schalotte

WUCHS mit schlanken Röhrenblättern,
bis 50 cm hoch | **ERNTE** April bis Oktober

Was wären Salate, Bratkartoffeln, Quark, Gemüse-
und Fleischgerichte ohne Zwiebeln? Der Gebrauch
dieser würzigen Zutat ist uns so selbstverständ-
lich, dass kaum jemand auf die Idee kommt, es
könnte sich um ein außergewöhnlich wertvolles
Nahrungsmittel handeln. Dabei ist die schon von
den alten Ägyptern verehrte Speisezwiebel ein
herausragendes Superfood und mit ihren vielfältigen Vorzügen besser erforscht als die meisten
anderen. Zwiebeln wirken verdauungsfördernd,
entzündungshemmend, blutdruck- und blutzucker-
senkend. Mit ihren tränentreibenden Schwefelver-
bindungen sind sie ein natürliches Antibiotikum,
beugen nachweislich Magenkrebs und anderen
Tumoren sowie Arterienverkalkung vor und helfen
gegen Asthma. Flavonoide, Mineralstoffe und Vitamine ergänzen die Senföle und machen die Zwiebel
zu einem »Rundum-Vorsorge-Paket«.
Neben der altvertrauten, scharfen Küchenzwiebel
mit hellbraunen Schalen können Sie auch rötlich
getönte Zwiebeln genießen, oder große, mild
schmeckende Gemüsezwiebeln und die weißen,
klein geernteten Frühlingszwiebeln. Schalotten
(*Allium cepa* var. *ascalonicum*) wachsen in dichten
Horsten und bilden pro Pflanze sechs oder mehr
Zwiebeln. Diese bestechen mit pikantem, mäßig
scharfem, besonders feinem Aroma.

Kultur In gut durchlässigem, mit reifem Kompost versorgtem Boden. Steckzwiebeln und
Pflanzschalotten werden von Mitte März bis April
gepflanzt; als Wintersteckzwiebeln robuste Sorten
von September bis Oktober. Reihenabstand
25–30 cm; in der Reihe 5–10 cm, bei Gemüsezwiebeln und Schalotten 15 cm. Stecken Sie die Zwiebeln im Frühjahr so, dass noch das obere Drittel
herausragt, die Wintersteckzwiebeln dagegen 5 cm
tief. Zwiebelsamen können Ende Februar bis April
gesät werden, Winterzwiebeln im August.

Pflege Saaten feucht halten, aber sonst nur bei
längerer Trockenheit alle paar Tage gießen; drei bis
vier Wochen vor der Ernte nicht mehr wässern.
Den Boden regelmäßig und vorsichtig lockern.
Überwinternde Zwiebeln mit Fichtenreisig oder
einer dünnen Laubschicht vor Frösten schützen.

Ernte Wintersteckzwiebeln ab Ende April, wei-
ße Frühlingszwiebeln ab Juni, Schalotten ab Juli.
Im Frühjahr gesäte und gepflanzte Zwiebeln ab
August, wenn das Laub umknickt und gelb wird.

 Sonne Halbschatten ● Schatten  viel gießen  mäßig gießen wenig gießen

Allium porrum
Lauch (Porree)

WUCHS mit kräftigen Schäften, bis 60 cm
hoch | **ERNTE** Juli bis März

Die langen Lauchschäfte enthalten zwar nicht ganz
so viele Senföle wie die Zwiebeln, dafür aber reichlich Vitamine, Mineral- und Ballaststoffe.
Kultur Nach der Erntezeit unterscheidet man
Sommerlauch, Herbstlauch und Winterlauch, der
vom Herbst bis zum Frühjahr zur Verfügung steht.
Anzucht von Sommersorten ab Februar, Herbstsorten ab Mitte März, Wintersorten April bis Juni;
bei 16–20 °C. Ab Anfang April auspflanzen, die
Wintersorten bis Mitte August, mit 30–40 × 20 cm
Abstand. So tief setzen, dass gerade noch der Blattansatz frei bleibt.
Pflege Gut mit Kompost versorgen, etwa vier Wochen nach dem Pflanzen nachdüngen. Regelmäßig
gießen. Mehrmals anhäufeln, damit die Schäfte
weiß bleiben.
Ernte Mit der Grabegabel den Boden lockern, sodass sich die Stangen gut herausziehen lassen.

Allium sativum
Knoblauch

WUCHS schmale, überhängende Blätter,
30–60 cm hoch | **ERNTE** Juli bis September

Dass Knoblauch Vampire vertreibt, ist wissen-
schaftlich noch nicht belegt, ob er die Blutfettwerte
senkt, umstritten. Doch ansonsten hat er ebenso
ausgeprägt gesundheitsfördernde Wirkungen wie
die Zwiebel Knoblauch enthält zudem ausgesprochen viel Selen, das vor freien Radikalen schützt.
Kultur In gut gelockertem, nicht zu feuchtem
Boden. Am besten speziellen Pflanzknoblauch kaufen Zehen im Oktober oder März/April so stecken,
dass die Spitze etwa 2 cm unter die Bodenoberfläche kommt; Abstand 20–25 cm × 15 cm.
Pflege Bei anhaltender Trockenheit alle paar Tage
zurückhaltend gießen, besonders im Frühsommer.
Herbstpflanzungen über Winter mit etwas Fichtenreisig oder Stroh abdecken.
Ernte Wenn die Blätter vergilben und umkippen;
bei Herbstpflanzung ab Mitte Juli, bei Frühjahrs-
pflanzung im August oder September.

 etwas frostempfindlich 🏠 nicht frosthart 🪴 für Topfkultur oder Balkonkästen geeignet

Lycopersicon esculentum

Tomate

WUCHS meist aufrecht, mäßig bis dicht verzweigt, 30–200 cm hoch | **ERNTE** Juli bis Oktober

Die saftigen Tomaten zählen zu den beliebtesten Gemüsen. Umso besser, dass sie auch noch das Zeug zum wirklichen Superfood haben: Ihre Carotinoide, besonders das rote Lycopin, schützen vor Thrombose, Schlaganfall, Herzinfarkt und mindern das Krebsrisiko. Dazu kommen reichlich Vitamine, Kalium, Zink und andere Mineralstoffe.

Kultur Nur alle drei bis vier Jahre im selben Beet anbauen und nicht nach oder neben Kartoffeln und Paprika. Zwischen Ende Februar und Anfang April vorziehen, bei 18–24 °C; nach dem Pikieren die Sämlinge bei etwa 18 °C aufstellen. Ab Mitte Mai auspflanzen, im Gewächshaus ab Mitte April. Abstand je nach Wuchshöhe 40 × 60 cm bis 60 × 80 cm; tief einpflanzen, bis zum untersten Blattansatz. Stabtomaten gleich mit Stützstab versehen und die Pflänzchen locker anbinden.

Pflege Zum Start mit reichlich Kompost versorgen; später alle zwei bis drei Wochen nachdüngen, am besten mit organischem Tomatendünger. Regelmäßig und kräftig gießen. Häufig hacken, besser noch mulchen. Mehrmals anhäufeln. Bei Stabtomaten immer wieder die Jungtriebe in den Blattachseln ausbrechen (ausgeizen) und nach Entwicklung von fünf bis sechs Fruchtständen die Spitze des Haupttriebs wegschneiden. Bei Cocktailtomaten ist Ausgeizen nicht unbedingt nötig, bei Buschtomaten gar nicht. Ein Foliendach auf Latten beugt dem Vernässen bei Dauerregen vor und damit der pilzlichen Kraut- und Braunfäule.

Ernte Ab Juli die voll ausgefärbten Früchte pflücken. Im Spätherbst noch grüne Tomaten an einem warmen, dunklen Platz nachreifen lassen.

Vorsicht Grüne Früchte enthalten ebenso wie alle grünen Teile der Tomatenpflanze giftige Alkaloide!

Tomaten **in allen Größen**

Beim Anbau haben Sie die Wahl zwischen den rund 1,5 m hohen, großfrüchtigen Stabtomaten, Fleischtomaten mit besonders üppigen Früchten, Cocktailtomaten mit kleinen, oft süßlichen Früchten sowie kompakten Buschtomaten. Dazu kommen spezielle Sorten wie Hängetomaten, die auch in großen Blumenampeln wachsen, und bis 4 m hoch aufstrebende Klettertomaten.

Capsicum annuum

Paprika

WUCHS buschig aufrecht, 40–80 cm hoch
ERNTE Juli bis November

Paprika ist ähnlich »super« wie Tomaten und bietet dazu den höchsten Vitamin-C-Gehalt unter allen Gemüsen. Dieser erreicht pro 100 g roter oder gelber Paprika im Schnitt 180–200 mg und übertrifft auch den vieler Obstarten. Bei Gewürzpaprika und Chilis kommt das scharfe Capsaicin hinzu, das verdauungsfördernd und schmerzlindernd wirkt.
Kultur Am sichersten unter Folie oder Glas. Ab Ende Februar vorziehen, bei 20–26 °C; pikieren, danach bei 18–20 °C halten. Ab Mitte Mai auspflanzen, im Gewächshaus ab Mitte April. Abstand je nach Wuchshöhe 40 × 40 cm bis 60 × 60 cm.
Pflege Wie bei Tomaten, jedoch kein Ausgeizen nötig. Großfrüchtige Sorten mit Stäben stützen.
Ernte Gemüsepaprika ab Juli. Viele schmecken bereits grün, werden aber süßer und gehaltvoller, wenn man sie richtig ausfärben lässt. Gewürzpaprika und Chili nur voll ausgefärbt.

Phaseolus vulgaris

Busch- und Stangenbohne

WUCHS buschig oder schlingend, 30–300 cm hoch | **ERNTE** Ende Juli bis Oktober

Diese wertvollen, leckeren Hülsenfrüchte halten uns gesund mit wichtigen Aminosäuren, Ballaststoffen, Vitaminen wie Folsäure, Beta-Carotin, Flavonoider, Eisen und anderen Mineralstoffen.
Kultur Nur alle drei bis vier Jahre auf demselben Beet anbauen. Aussaat ab Mitte Mai, nur 2–3 cm tief. Buschbohnen in Horsten mit vier bis sechs Körnern, bei Stangenbohnen je sechs bis acht Körner um die Stütze herum. Oder ab Mitte April bei 18–24 °C vorziehen, und Mitte Mai pflanzen.
Pflege Regelmäßig gießen, besonders ab der Blüte. Stangenbohnen mit Kompost und Hornspänen versorgen. Hacken oder mulchen. Die jungen Pflanzen bei 15–20 cm Höhe anhäufeln.
Ernte Ab Ende Juli immer wieder durchpflücken. Zur Trockenbohnenernte ausreifen lassen.
Vorsicht Die rohen Körner und Hülsen enthalten Giftstoffe, die erst beim Kochen zerstört werden!

Cucurbita pepo
Zucchini

WUCHS buschig, breit ausladend, 40–60 cm hoch | **ERNTE** Juli bis Oktober

Mit dem Carotingehalt ihrer gelbroten Kürbis-Verwandtschaft können Zucchini zwar nicht ganz mithalten. Dafür trumpfen sie mit viel Eisen, Calcium, Kalium, B-Vitaminen und Vitamin C.

Kultur Nur alle drei bis vier Jahre an derselben Stelle anbauen. April bis Anfang Mai bei 18–24 °C vorziehen. Ab Mitte Mai auspflanzen, mit etwa 80 × 80 cm Abstand. Oft genügen zwei Exemplare.

Pflege Zum Start mit reichlich Kompost versorgen; später alle zwei bis drei Wochen nachdüngen, am besten mit organischem Tomatendünger. Regelmäßig und kräftig gießen. Am besten mulchen oder auf dunklem Mulchvlies anbauen.

Ernte Bei etwa 15–20 cm Länge, als zarte Mini-Zucchini schon ab 8 cm; mit einem kurzen Stielstück abschneiden. Auch die Blüten sind essbar.

Vorsicht Essen Sie auf keinen Fall bittere Zucchini: Die Bitterstoffe können hochgiftig sein!

Cucurbita-Arten
Speisekürbis

WUCHS buschig oder rankend, 40–150 cm hoch | **ERNTE** Juli bis November

Kürbisse bieten eine gewaltige Formenvielfalt. Grundsätzlich unterscheidet man Sommerkürbisse, die man unreif erntet und frisch verwendet, und Winterkürbisse, die man ausreifen lässt und meist gut lagern kann. Besonders gesund sind Kürbisse mit orangem Fruchtfleisch. Steirische Ölkürbisse liefern die besten Kürbiskerne: Diese enthalten eine Fülle wertvoller Vitalstoffe und helfen unter anderem bei Blasen- und Prostataproblemen.

Kultur Wie bei Zucchini. Je nach Wuchshöhe und Wuchstyp mit 80–250 cm Abstand pflanzen.

Pflege Wie bei Zucchini. Bei großfrüchtigen Winterkürbissen den Haupttrieb entspitzen, nachdem die Pflanze drei bis vier Früchte angesetzt hat.

Ernte Sommerkürbisse fortlaufend ab Juli; Winterkürbisse voll ausgefärbt, bis Frostbeginn.

Vorsicht Bittere Speisekürbisse enthalten gefährliche Giftstoffe, ebenso die meisten Zierkürbisse!

Salvia hispanica
Chia

WUCHS breit buschig, horstartig, 50–180 cm hoch | **ERNTE** Ende Oktober bis November

Mit den winzigen schwarzen, graubraunen oder weißen Chiakörnchen stärkten sich schon die Mayas und Azteken. Die Samen werden besonders wegen ihres Gehalts an wertvollen Omega-3-Fettsäuren geschätzt. Sie hemmen Entzündungen, können Blutdruck und Blutzucker regulieren. Chiasamen strotzen außerdem vor Proteinen, Ballaststoffen und Antioxidantien. Die Chiapflanze ist eine einjährige Verwandte des Gewürzsalbeis. Schon von daher bieten sich Anbauversuche an – zumal die käuflichen und für den Verzehr gedachten

Samen oft gut keimen. Übers Internet kann man auch Chiasaatgut finden. Allerdings ist die Anzucht eher etwas für experimentierfreudige Gärtner.
Kultur Anzucht ab Mitte März möglich, bei 20–25 °C; Lichtkeimer, Samen nur dünn mit Erde abdecken. Pflanzung ins Freie ab Mitte Mai, mit etwa 50 cm Abstand. Chia braucht gut durchlässigen Boden. Früh gesäte Chia kann kräftig ins Kraut schießen, was auf Kosten der Samen geht. Deshalb spricht einiges für eine spätere Aussaat gegen Mitte Juni. Denn die Chia ist eine Kurztagspflanze, ähnlich wie Herbstchrysanthemen: Sie beginnt erst zu blühen, wenn die Tage kürzer werden, oft erst im September. Danach dauert es noch rund anderthalb Monate, bis die Samen reif sind, was am ehesten im Gewächshaus gelingt. Oder Sie starten früher und verdunkeln das Gewächshaus mit schwarzer Folie täglich so, dass es für die Pflanzen jeweils zwölf Stunden Nacht wird.
Pflege Benötigt nur beim Anwachsen und später dann zum Blühbeginn etwas mehr Wasser, ansonsten zurückhaltend gießen. Als Düngung genügen ein paar Handvoll Kompost.
Ernte Gut gefüllte Samenstände abschneiden und die Samen ausschütteln.

In Maßen genießen

Bei Dauerverzehr von Chia in höheren Mengen kann es zu Darmentzündungen oder Allergien kommen. Weil es hier noch Forschungsbedarf gibt, hat die Europäische Kommission die tägliche Dosis auf höchstens 15 g Chiasamen begrenzt. Die Behörden in den USA empfehlen etwas freimütiger maximal 48 g.

Vaccinium corymbosum

Heidelbeere

WUCHS stark verzweigter Halbstrauch, 1–2 m hoch | **ERNTE** Juli bis September

Die Früchte der Kulturheidelbeeren sind nicht ganz so gehaltvoll wie die heimischen, wilden Heidelbeeren. Das machen sie aber durch ihre Größe wett, und mit reichlich wertvollen Anthocyanen, antibakteriellen Gerbstoffen und Vitaminen.
Kultur Heidelbeeren brauchen humosen, sauren Boden (pH-Wert 3,5–4,5). Meist muss dafür reichlich Rhododendronerde oder Nadelkompost in den Boden eingearbeitet werden. Pflanzung im Frühjahr oder Herbst, mit 1,5–2 m Abstand.
Pflege Gleichmäßig feucht halten, möglichst mit kalkarmem Wasser. Mit Kompost und speziellem Heidelbeer- oder Rhododendrondünger versorgen. Alle vier bis fünf Jahre die ältesten Triebe unten herausschneiden.
Ernte Nach der Blaufärbung noch ein bis zwei Wochen hängen lassen. Fortlaufend die reifsten Früchte pflücken, die sich leicht abdrehen lassen.

Rubus sectio *Rubus*

Brombeere

WUCHS Halbstrauch, meist bestachelt, 1,5–3 m hoch | **ERNTE** Juli bis Oktober

Kleine Vitaminbomben, Zellschützer, Superfrüchtchen: Solche schmeichelhaften Bezeichnungen haben sich Brombeeren mit ihrem Mix an gesunden Inhaltsstoffen redlich verdient.
Kultur Am besten an einem etwas wind- und frostgeschützten Platz, mit tiefgründigem, humosem Boden. Vorzugsweise im Frühjahr pflanzen, an Spalieren mit quer gespannten Drähten, Zäunen oder Mauern; rankende Sorten mit 2–3 m, aufrechte mit rund 1 m Abstand. Nach dem Pflanzen die Ruten auf 30 cm zurückschneiden.
Pflege Im Frühjahr organisch düngen. Gleichmäßig leicht feucht halten. Je nach Wuchsstärke vier bis acht Jungruten am Gerüst verteilen, die anderen entfernen. Im Sommer Seitentriebe auf zwei bis vier Knospen einkürzen. Abgetragene Ruten im nächsten Frühjahr wegschneiden.
Ernte Vollreife Beeren fortlaufend pflücken.

  Sonne  Halbschatten  Schatten  viel gießen  mäßig gießen  wenig gießen

Ribes nigrum
Schwarze Johannisbeere

WUCHS Strauch oder Hochstämmchen,
1–2 m hoch | **ERNTE** Juli bis Mitte August

Schon Rote Johannisbeeren sind Fitmacher, doch die Schwarzen überragen sie noch deutlich: mit dem höchsten Vitamin-C-Gehalt unter den populären Obstarten, dazu viel Carotin, Anthocyane und Mineralstoffe, die Herz und Kreislauf stärken.

Kultur Beste Pflanzzeit im Spätherbst und zeitigen Frühjahr; mit 1,5–2 m Abstand. Sträucher eine Handbreit tiefer setzen als im Verkaufstopf, Stämmchen so tief wie im Topf; mit einer Stütze versehen.

Pflege Im Frühjahr mit Kompost oder Beerenobstdünger versorgen. Leicht feucht halten, zwischen Mitte April und Mitte Juni etwas stärker gießen. Ab Mitte Mai mulchen. Jeweils höchstens sechs Neutriebe stehen lassen. Schwache Triebe unten herausschneiden, ebenso Haupttriebe, die älter als drei Jahre sind.

Ernte Wenn sie sich schwarz färben; Trauben mit reifen Beeren am besten komplett abschneiden.

Rosa-Arten
Hagebuttenrosen

WUCHS Sträucher, stark bestachelt,
1–3 m hoch | **ERNTE** Oktober bis November

Hundsrose (*Rosa canina*), Kartoffelrose (*R. rugosa*) und Apfelrose (*R. villosa*) sind die großen Drei unter den Hagebuttenrosen. Hagebutten wiederum gehören in die Topliste der Früchte: mit rund 20-mal so viel Vitamin C wie in Orangen. Zudem lindern sie nachweislich Arthroseschmerzen. Dies gilt allerdings nur für die rohen, herb-säuerlichen Hagebutten. Beim Kochen, etwa für Gelee, reduziert sich der Effekt deutlich – aber auf ein immer noch gesundes Maß.

Kultur Beste Pflanzzeit im Spätherbst und Frühjahr. Wildrosen sind anspruchslos, brauchen aber Platz und werden teils bis zu 2 m breit.

Pflege Bei anhaltender Trockenheit gießen. Alle paar Jahre etwas auslichten.

Ernte Gut ausgefärbte, schon etwas weiche Hagebutten ernten. Halbieren, die Kerne und Härchen ausschaben, innen gründlich abspülen.

Vitis vinifera

Weinrebe (Tafeltrauben)

WUCHS Rankpflanze, 1,5–10 m hoch, je nach Schnitt | **ERNTE** Ende August bis Oktober

Wer beim Stichwort Weinsorten nur an 'Silvaner' und 'Chianti' denkt, hat etwas verpasst. Denn immer mehr Gärtner schwören auf 'Königliche Esther', 'Lakemont' oder 'Vanessa': spezielle Tafeltrauben, die längst nicht nur im Weinbauklima gedeihen und wenig von Pilzkrankheiten befallen werden. Sie sind wie gemacht für den Genuss von der Hand in den Mund. Sicher, Trauben helfen nicht gerade beim Abnehmen, bringen aber den Stoffwechsel sowie Darm und Nieren in Schwung. Die blauen und roten Varianten bieten den höchsten

Gesundheitswert: Sie sind reich an Antioxidantien wie Resveratrol und Ellagsäure, die die Zellen schützen, Entzündungen hemmen und Herzinfarkten vorbeugen.

Kultur Beim Kauf auf Propfreben achten, die auf blutlausresistente Wurzelunterlagen veredelt sind. Möglichst warme, geschützte Plätze wählen; in etwas kälteren Regionen am besten an einer Südwand hochziehen. Reben können auch auf der Terrasse in einem großen Kübel kultiviert werden. Sie brauchen gut durchlässigen, tiefgründigen Boden. So einsetzen, dass die Veredlungsstelle ca. 5 cm über die Erdoberfläche kommt. An Drahtspalier, Rankgerüst oder Pergola befestigen.

Pflege Gut eingewurzelte Reben brauchen nur bei anhaltender Trockenheit und während der Fruchtentwicklung Gießwasser. Im Frühjahr mit Kompost und etwas Kalimagnesia versorgen. In rauen Lagen über Winter die Pflanzenbasis gut mit Laub oder Stroh abdecken. Der Rebschnitt ist eine Wissenschaft für sich und hängt stark von der gewünschten Erziehungsform ab: Hier helfen Spezialliteratur oder erfahrene Weinanbauer weiter.

Ernte Die Reife durch Probieren überprüfen. Reife Fruchtstände komplett abschneiden.

Kernige **Traubenkuren**

Viele Tafeltrauben haben einen Wermutstropfen: Sie sind kernarm oder kernlos, weil das Verbraucher oft bevorzugen. Doch gerade in den Traubenkernen und um sie herum stecken die meisten Vital- und Geschmacksstoffe. Deshalb sind vor allem kernhaltige Sorten wie etwa 'Muscat bleu', 'Osella', 'Regent' und 'Palatina' zu empfehlen.

Sambucus nigra

Schwarzer Holunder

WUCHS Strauch, gut in Baumform zu ziehen, 2–7 m hoch | **ERNTE** August bis September

Holunder ist fast unverwüstlich. Legt man aber Wert auf die vitamin- und mineralstoffreichen Beeren, lohnt sich eine etwas intensivere Pflege. Besonders gute Ernten liefern spezielle Fruchtsorten wie 'Sampo' und 'Haschberg'. Auch die Blüten sind essbar, lassen sich z. B. zu Gelee verarbeiten und helfen in Tees gegen Erkältungen.

Kultur Gedeiht auf jedem durchlässigen Boden, am besten aber auf humosem, frischem Grund. Braucht viel Platz (3–5 m breit).

Pflege Kräftiger Rück- oder Wegschnitt abgetragener, zweijähriger Zweige im Spätwinter sorgt für reiche Ernten. Bei intensiver Nutzung jährlich mit Kompost versorgen. Treibt auch nach radikalem Einkürzen wieder kräftig aus.

Ernte Schwarze Beerendolden fortlaufend ernten.

Vorsicht Die Beeren enthalten einen Giftstoff und werden erst nach Kochen bekömmlich.

Aronia melanocarpa

Apfelbeere

WUCHS Strauch, vieltriebig, 0,5–2 m hoch | **ERNTE** August bis Oktober

Kein anderes fremdländisches Superfood hat sich in Gärten so gut etabliert wie die nordamerikanische Apfelbeere. Der robuste Strauch bietet mit weißen Blütendolden, leuchtend roter Herbstfärbung und glänzend schwarzen Beeren allerhand fürs Auge. Die herb süßsauren Früchte sind sehr reich an schützenden Anthocyanen, Polyphenolen, Gerbstoffen und Vitaminen. Es gibt mehrere ergiebige Fruchtsorten, z. B. 'Viking' und 'Nero'.

Kultur Gedeiht auf jedem durchlässigen Boden, besonders gut auf humosen, sandig-lehmigen, kalkarmen Standorten.

Pflege Gelegentlich auslichten, ältere Triebe bodennah herausschneiden. Im Frühjahr mit Beerenobstdünger versorgen.

Ernte Voll ausgefärbte, schwarze Fruchtdolden komplett abschneiden. Nur nach Verarbeitung, etwa zu Marmelade oder Saft, genießbar.

---

 etwas frostempfindlich   nicht frosthart für Topfkultur oder Balkonkästen geeignet

Punica granatum

Granatapfelbaum

WUCHS Strauch oder Baum, teils bedornt,
1–4 m hoch | **ERNTE** September bis **Dezember**

Das süßsaure Fruchtfleisch und die Samen des
5–10 cm großen Granatapfels sind reich an Polyphenolen, Flavonoiden und Mineralstoffen. Bishe-
rige Untersuchungen deuten auf eine gute Wirkung
gegen Herzerkrankungen, Krebs und Arthrose hin.
Für die Fruchternte sind »Blütensorten« wie 'Nana'
oder 'Flore Pleno' ungeeignet.
Kultur Als Kübelpflanze, die von Mai bis Oktober
draußen stehen kann. Bis zur Fruchtreife dauert es
allerdings rund sechs Monate. Das gelingt eher bei
ganzjähriger Haltung im Wintergarten.
Pflege Über Sommer kräftig gießen. Bis August
alle zwei bis drei Wochen düngen. Überwinterung
bei 2–8 °C; ältere Exemplare vertragen etwas Frost.
Nach Blattabwurf im Winter fast trocken halten. Im
Frühjahr gelegentlich auslichten.
Ernte Sobald sie sich rot färben, spätestens beim
Aufplatzen der Früchte.

Malphigia glabra

Acerolakirsche

WUCHS Strauch, 1–2,5 m hoch, meist immer-
grün | **ERNTE** Ende Juli bis Oktober

Eine attraktive Pflanze aus Mittelamerika. Sie
schmückt sich im Sommer mit rosafarbenen Blüten,
aus denen leuchtend rote, kirschähnliche, leckere
Früchte hervorgehen – mit einem fast konkurrenz-
los hohen Vitamin-C-Gehalt sowie Carotin, B-Vitaminen und Mineralstoffen.
Kultur Als Kübelpflanze, die von Ende Mai bis
September draußen stehen kann. Bester Frucht-
ertrag bei ganzjähriger Haltung im Wintergarten
oder Gewächshaus. Anzucht aus Samen ganzjährig
möglich, bei rund 25 °C.
Pflege Über Sommer gleichmäßig feucht halten.
Bis August alle ein bis zwei Wochen düngen. Überwinterung bei 10–20 °C; sehr zurückhaltend gießen.
Nach der Ernte oder im Frühjahr bei Bedarf auslichten und/oder etwas zurückschneiden.
Ernte Bei guter Ausfärbung. Nur wenige Tage halt-
bar, bald verwerten.

  Sonne  Halbschatten  Schatten  viel gießen  mäßig gießen  wenig gießen

Lycium barbarum

Gojibeere

WUCHS Strauch, oft überhängend, teils be-
dornt, 2–3,5 m hoch | **ERNTE** August bis
Oktober

Die Gojibeere genießt in ihrer asiatischen Heimat
seit jeher hohe Wertschätzung. Umso erfreulicher
ist es, dass sie auch in unseren Breiten problemlos
gedeiht. Der Strauch verträgt Frost, fruchtet recht
zuverlässig und macht mit seinen violetten Blüten
und leuchtend roten Beeren auch optisch etwas
her. Allerdings ist er im Grund genommen gar nicht
so exotisch: Unter dem Namen »Gemeiner Bocks-
dorn« kennt man die Pflanze schon lange als ein-
geschleppten, ausbreitungsfreudigen Wildstrauch.

Jedenfalls haben die mal herb pfeffrig, mal eher
süß schmeckenden »Glücksbeeren« einen hohen
Gehalt an Antioxidantien und anderen wertvollen
Inhaltsstoffen. Ganz so sensationell, wie sie
manchmal gepriesen werden, sind sie allerdings
nach neueren Untersuchungen nicht.

Kultur Mittlerweile bieten schon viele Gärtnereien
und Versender Gojipflanzen an. Oft handelt es sich
um ausgelesene Sorten mit etwas größeren Beeren,
z. B. 'Big Lifeberry', 'No. 1 Lifeberry' und 'Turgidus'.
Die Fruchten besser als Wildformen oder Eigenge-
wächse aus Samen und Stecklingen, und das meist
schon bald nach dem Pflanzen. Goji wächst am
besten auf sandig-lehmigem, humosem Boden.
Im Frühjahr pflanzen, mit 1–2 m Abstand. Ratsam
ist eine 60 cm tiefe (Bambus-)Wurzelsperre, da oft
starke Ausläuferbildung.

Pflege Im Frühjahr mit Kompost versorgen. Bei
anhaltender Trockenheit gießen. Kann mit drei bis
sechs Haupttrieben gezogen werden, gut an einem
Spalier oder Gerüst. Fruchtet an jungen Langtrie-
ben. Diese nach der Ernte im nächsten Vorfrühling
um mindestens zwei Drittel zurückschneiden, um
den Neuaustrieb zu fördern.

Ernte Bei voller Ausfärbung. Zum Konservieren
trocknen oder einfrieren.

Vorsicht bei **Gerinnungshemmern**

Wer gerinnungshemmende Medikamente ein-
nimmt, sollte auf Gojibeeren verzichten, auch auf
Saft und Konfitüre. Die Beeren können laut dem
Bundesinstitut für Risikobewertung (BfR) den
Abbau der Medikamente blockieren und so zu
starken Blutungen führen.

Die **halbfett** gesetzten Seitenzahlen
verweisen auf Abbildungen,
U = Umschlag, UK = Umschlagklappe.

Bezugsquellen

Gemüse-, Kräutersaatgut
> Bingenheimer Saatgut AG
(Bio-Saatgut)
Kronstraße 24
61209 Echzell-Bingenheim
www.bingenheimersaatgut.de

> Dreschflegel (Bio-Saatgut)
Postfach 1213
37202 Witzenhausen
www.dreschflegel-shop.de

> Samenhaus Müller
Mörikestraße 1/3
75210 Keltern
www.samenhaus.de

Obstgehölze
> Baumschule Horstmann
Bergstraße 5
25582 Hohenaspe
www.baumschule-horstmann.de

Wichtige **Hinweise**

> Tragen Sie beim Umgang mit
Pflanzen besser Handschuhe.

> Wenn Sie sich bei der Arbeit
mit Pflanzen und Erde verletzen,
sollten Sie umgehend einen Arzt
aufsuchen. Eventuell ist eine Imp-
fung gegen Tetanus erforderlich.

> Bewahren Sie Pflanzenschutz-
mittel und Dünger (auch Bio-
Produkte) für Kinder und Haustiere
unerreichbar auf. Halten Sie bei
der Anwendung Kinder fern.

Kübelpflanzen, exotische Obstgehölze
> Flora Toskana
Schillerstr. 25
89278 Nersingen–Straß
www.flora-toskana.de

Gemüse und Obst
> Ahrens + Sieberz
Hauptstraße 440
53721 Siegburg-Seligenthal
www.as-garten.de

> Baldur-Garten
Albert-Einstein-Allee 4–6
64625 Bensheim
www.baldur-garten.de

> Bioland Hof Jeebel
Biogartenversand
Jeebel 17
29410 Salzwedel–Jeebel
biogartenversand.de

> Native Plants Gartenbaubetrieb
Zum Kreuzstein 3 b
96138 Burgebrach
www.native-plants.de

Kräuter und Raritäten
> Rühlemann's Kräuter & Duftpflanzen
Auf dem Berg 2
27367 Horstedt
www.kraeuter-und-duftpflanzen.de

> Templiner Kräutergarten
Elsternest 1
17268 Templin
www.templiner-kraeutergarten.de

> Tropica Samenraritäten
Rehbaum 139
48163 Münster
www.tropica.de

Literatur
> Joachim Mayer: Gemüse biolo-
gisch anbauen. Gräfe und Unzer
Verlag, München

> Joachim Mayer: Leckeres vom
Balkon. Gräfe und Unzer Verlag,
München

> Joachim Mayer, Konstanze
Neubauer: Unser Nutzgarten.
Stiftung Warentest, Berlin

> Christel Rupp: Biogärtnern für
Selbstversorger. Gräfe und Unzer
Verlag, München

> Hans Gerlach, Susanna Bingemer:
Kochen mit Superfoods. Gräfe und
Unzer Verlag, München

> Thomas Wendel: Rainbow
Smoothies. Gräfe und Unzer Verlag,
München

> Susanna Bingemer: Superfoods.
Gräfe und Unzer Verlag München

> Martina Dobrovicova, Burkhard
Hickisch, Christian Guth: Superfood-
Smoothies. Gräfe und Unzer Verlag,
München

> Nicole Just: La Veganista. Iss dich
glücklich mit Superfoods. Gräfe und
Unzer Verlag, München

Gartenlust pur.

ISBN 978-3-8338-3804-0

ISBN 978-3-8338-3803-3

ISBN 978-3-8338-3862-0

ISBN 978-3-8338-3463-9

ISBN 978-3-8338-3861-3

 Alle hier vorgestellten Bücher
sind auch als eBook erhältlich.

Mehr von GU auf **www.gu.de** und
facebook.com/gu.verlag

Der Autor

Joachim Mayer arbeitet seit vielen Jahren als Gartenjournalist und Buchautor. Außerdem berät er Balkonbesitzer und Hobbygärtner bei allen Praxis- und Gestaltungsfragen. Sein fundiertes Wissen auf diesen Gebieten verdankt er seiner Ausbildung und Erfahrung als Gärtner und seinem Studium der Agrarwissenschaften.

Projektleitung: Elke Sieferer
Lektorat: Barbara Kiesewetter
Bildredaktion: Christina Freiberg, Petra Ender (Cover)
Layout, Typografie und Umschlaggestaltung: independent Medien-Design, Horst Moser, München

Herstellung: Martina Koralewska
Satz: Uhl + Massopust, Aalen
Reproduktion: Longo AG, Bozen
Druck und Bindung: Werbedruck Schreckhase, Spangenberg
Printed in Germany

ISBN 978-3-8338-5214-5
1. Auflage 2016

Syndication: www.jalagsyndication.de

Bildnachweis

Cover (U1): Sibylle Pietrek
Biosphoto/Noun: 15-2; **Borkowski, Elke:** 8, 12; **Botanikfoto/Hauser:** 9, 35-1, 42-1, 51-2;/**Take:** 42-2, 52-1, 55-2; **Flora Press:** 32-1;/**Biosphoto/Joel Douillet:** 46-1;/**GWI:** 43, 55-1;/**Kunze:** U7-01;/**Peschel:** 31-2;/**Practical Pictures:** 19-3;/**Redeleit&Junker/L.Redeleit:** 13;/**RHS:** 45-1;/**Visions:** 23; **Fotolia/Bonn:** U4-3;/**Den:** 28-1;/**ExQuisine:** 3;/**fabrizia:** 58-1;/**vadim gouida:** 46-2;/**la vanda:** 25-1;/**lola1960:** U7-2;/**Schüller:** U6-1;/**sergeevspb:** 57-2; **GAP Photos**/: U6-3, 11-1, 11-2, 11-3, 14, 32-1, 38-2, 40-1, 44, 47, 48, 49-2;/ **Thomas Alamy:** 22, 29-1;/**Keith Burdett:** 29-2;/**Torie Chugg:** 35-2;/**Claire Higgins:** 54-2, 59; **Haas, Hansjörg:** 21-1; **Nickig, Marion:** 38-1; **Nova Photo Graphik/The Garden Collection:** 40-2, 51-1; **Pietrek, Sibylle:** U6-4, U8-1, U8-2, 2, 26, 37-1, 49-1, 56; **Seasons Agency/GU/Einwanger, Klaus:** 28-1, 36, 39, 52-2;/**Grossmann.Schuerle:** 25-4;/**Holsten, Ulrike:** 7;/**Schardt, Wolfgang:** 25-2, 25-3;/ **Seasons Agency/Jalag/Hoersch:** 6;/**Shutterstock/ Buquet Christophe:** 57-1;/**Duc Dao:** 34;/**Iakov Filimonov:** 10;/**hacksss:** 33-1;/**meaofoto:** U3-1;/**somyot pattana:** 58-2;/**XXL Photo:** 30-2;/**Chad Zuber:** 53; **Stockfood/Bonisolli:** 15-1;/ **Lee Joff:** U4-2;/**Studio Lipov:** U3-2; **Strauß, Friedrich:** U4-1, U6-2, 1, 16, 17, 19-1, 19-2, 21-2, 28-2, 30-1, 31-1, 45-2, 50;/**Nichols:** 18, 54-1; **Timmermann, Annette:** 20; **Wikimedia Commons/Rupp.de:** 21-3; **Wunderlich, Eva:** 41-1, 41-2

Liebe Leserin, lieber Leser,

haben wir Ihre Erwartungen erfüllt? Sind Sie mit diesem Buch zufrieden? Haben Sie weitere Fragen zu diesem Thema? Wir freuen uns auf Ihre Rückmeldung, auf Lob, Kritik und Anregungen, damit wir für Sie immer besser werden können.

GRÄFE UND UNZER Verlag
Leserservice
Postfach 86 03 13
81630 München
E-Mail:
leserservice@graefe-und-unzer.de

Telefon: 00800 / 72 37 33 33*
Telefax: 00800 / 50 12 05 44*
Mo–Do: 9.00 – 17.00 Uhr
Fr: 9.00 – 16.00 Uhr
(* gebührenfrei in D, A, CH)

Ihr GRÄFE UND UNZER Verlag
Der erste Ratgeberverlag – seit 1722.

Umwelthinweis

Dieses Buch ist auf PEFC-zertifiziertem Papier aus nachhaltiger Waldwirtschaft gedruckt.

 www.facebook.com/gu.verlag

GRÄFE UND UNZER

Ein Unternehmen der
GANSKE VERLAGSGRUPPE